LEARNING ABILITY

# 学习力

## 如何成为一个有价值的知识变现者



Angie 著

中国铁道出版社有限公司
CHINA RAILWAY PUBLISHING HOUSE CO., LTD.

**图书在版编目（CIP）数据**

学习力：如何成为一个有价值的知识变现者 /Angie 著 .—北京：中国铁道出版社，2017.12（2021.12重印）

ISBN 978-7-113-23820-9

Ⅰ．①学… Ⅱ．①A… Ⅲ．①自我管理－通俗读物 Ⅳ．①C912.1-49

中国版本图书馆 CIP 数据核字（2017）第 230351 号

**书　　名：学习力：如何成为一个有价值的知识变现者**
**作　　者：**Angie

**策　　划：**巨　凤　　**读者热线电话：**(010)83545974
**责任编辑：**苏　茜
**责任印制：**赵星辰　　**封面设计：**仙境

**出版发行：**中国铁道出版社有限公司（100054，北京市西城区右安门西街 8 号）
**印　　刷：**中煤（北京）印务有限公司
**版　　次：**2017 年 12 月第 1 版　2021 年 12 月第 11 次印刷
**开　　本：**880 mm×1 230 mm　1/32　**印张：**8.5　**插页：**1　**字数：**200 千
**书　　号：**ISBN 978-7-113-23820-9
**定　　价：**39.80 元

# 学习力

## 如何成为一个有价值的知识变现者

【Angie】著

享读绘™ 阿羿羽优视觉团队出品

扫描二维码

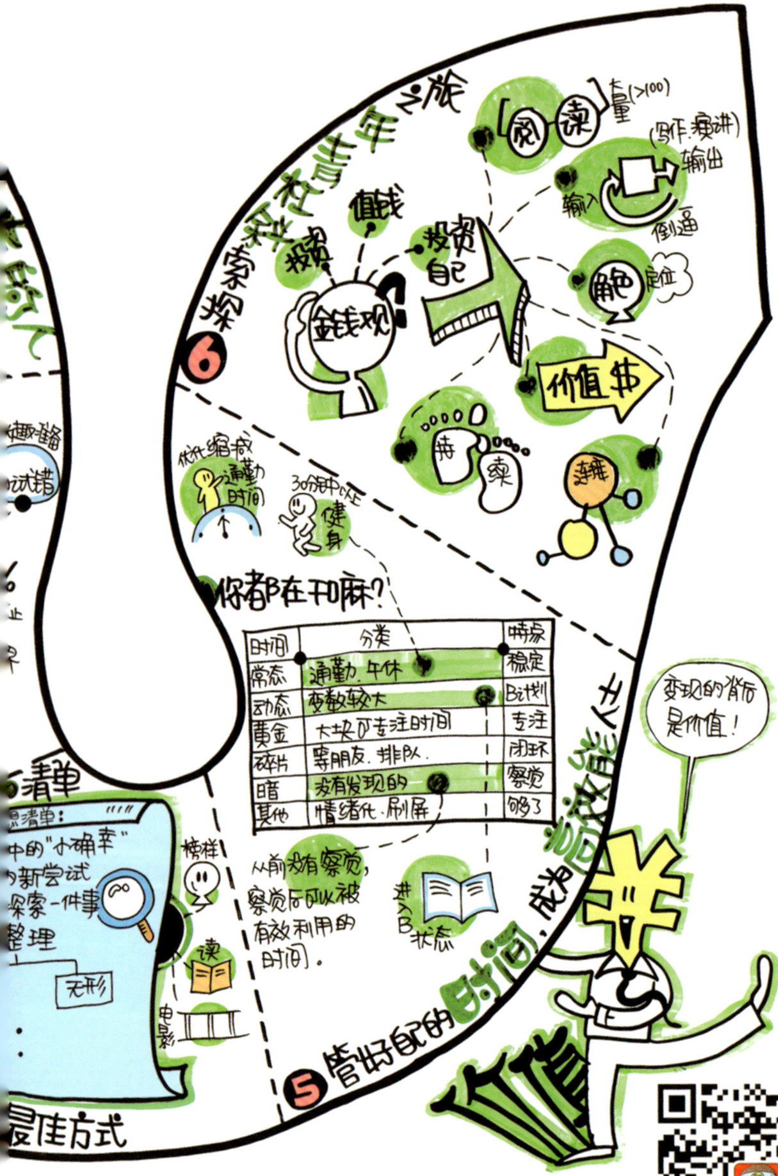


关注服务号回复书名或201，听语音解读

# 推荐序

FOREWORD

## 如果想做，总会找到方法

没有人对自己的初始人设满意。

为了改良人设，无论是通过勤奋还是捷径，几乎每个人一直都在找方法。“趁早星人”就是这样始终在寻找、试验和分享方法的一群人；而在“趁早星人”中，Angie又是一位代表性人物，她从未停下寻找、试验和分享的节奏，她的人生故事可以说非常“趁早”。

这本书的所有方法中，执行是最重要的一环，听到的道理再好，如果不去做到，也依然过不好这一生。比厘清思路和做出选择更难的，是把选择了的事做完。

还有，在所有的事物中，让我们最终没有去到那里的，并不是最紧急的事，而是那些重要不紧急的事。而你的人生质量、你的智识、你的外表、你的人际、你的收入增加、你的体验扩展，总之，几乎你人生中的一切美好，都是由重要而不紧急的事情组成的。

更多的时候，你明知道自己做什么，依然会拖延和半途而废，你会因为怀疑方法没用而焦虑。其实，让你焦虑的不是担心完不成目标，而是担心你错过了实现本该属于你的美好人生。

美好人生的秘密，就隐藏在日复一日中！

如果你想做，总会找到一个方法，祝愿你早日找到它！

趁早品牌 & 趁早 APP 创始人

畅销书作家　王潇

# 前言

PREFACE

接到出版社Sophie的出书邀请时，我兴奋了好多天，谁年少时没有出书梦啊。

这本书，“写＋反复修改稿件＋临时加入伊伊画的插图”，前前后后花了差不多一年的时间，现在终于要和大家见面啦！

在这一年的时间里，我的身份也发生了很大的改变，2017年3月21日，我从互联网广告公司的运营总监岗位上辞职。辞职后的一个月，我把之前累积的合作邀请一口气做完，那种与时间赛跑的感觉，真是爽。

为什么要写这本书？

我就是大家口中所谓最普通、最平凡的人：二本学校毕业，不是学霸，第一份工作也很普通：在一家民营企业从事客服工作，一位四岁半宝宝的妈妈，曾经全职一年在家保胎生小孩。

这样背景的人生，可以有什么可能？

2016年年初，我开始在各大平台上“刷脸”讲微课，无论是公众号后台还是我的个人微信，常常会收到很多人的留言：Angie，请问你能把你的时间管理理念系统地分享给大家吗？一节微课听得真不过瘾啊！

八年的互联网行业从业经验，让我感触最深的有两点：

一是：你要知道你的用户是怎么想的，做其所想，满足其所需！

二是：你要有最小可行性产品思维，小步快跑，快速试错。

利用很短的时间，我归纳总结了自己的时间管理体系，并开始招生。这是我人生很重要的转折点，从那之后，我的人生开始变得不一样。

可能很多人会说：Angie，你抓住了打造个人品牌的红利期！

时机真的很重要，但如果一个人总是有运气把握住一个又一个的机会，那这个人肯定不会那么简单。

这本书，我从大学的故事开始写起，把人生当中每一个关键的节点分享给大家，无论是哪一章，都是"故事＋方法＋思维升级"三种标配组合，让大家阅读起来有趣味的同时，还有收获。

- 人生的一些关键环节，该如何做选择；
- 如何正确而有效地努力，避免成为一个无效学习者；
- 如何正确挖掘兴趣，找到自己持续努力的方向；
- 普通人实现梦想的最佳方式；
- 如何管理好自己的时间，成为高效能人士；
- 有关个人品牌的一些解读，探索斜杠青年之旅少走一些弯路。

每次晒出【在行】一对一咨询学员的真实好评时，除了得到大量的点赞，我总是能收到其他行家老师给我的私信，大致的意思是，你现在那么忙，【在行】的收入又是你所有收入矩阵中最低的一个，为什么在还坚持做。

我的想法很简单：一对一咨询的收入性价比确实是最低的，但是价值性价比却是最高的。每一次，学员因为我的毫无保留分享而受到启发，找到方向，知道自己下一步该怎么走时，我都觉得这是一件相当值得坚持去做的事情。

无论是这本书、我的各种不同主题的系列课、咨询等内容，我需要做的是，确保每一个出品都是自己所满意的精品，让大家有收获，这就是坚持做这件事的元驱动力！

感谢阅读过我的公众号文章、听过我的课、和我约过咨询，还有我【价值变现研习社】首创成员的每一个人，我知道你们这些人当中，不单只支持过我一次，总是以各种方式，带给我无限力量。

感谢 @ 玉小姐、@ 吴静波帮我校稿，以及给出的建议，我都认真做了修改。感谢 @ 伊伊在那么短的时间里，帮我的书做了好看又有内涵的插图。

感谢我的老公@刘先生，无论我做什么样的决定，他会和我一起分析利弊，而不仅仅是简单地说一句：我支持你！

感谢我的编辑@Sophie，给了我很多很好的建议，以及非常耐心和nice！

如果你有任何的问题，请一定记得添加我的同名公众号Angie（ID: Angie20160120），我等你！

Angie

2017.9

# 目录

CONTENTS

## 1 20～30岁，与时间赛跑的这十年

## 2 我的打卡式人生：寻找多张人生的多米诺骨牌



## 3 【方向】：从微梦想清单开始，找到你管理人生的阶段方向



## 4 找到你的价值兴趣，让你的成长有迹可循

## 5 【时间管理】：越忙越有时间，找到你的分类价值时间



## 6 正确投资你的时间，成为有价值的人

## 7 【自我管理】：一个人活得就像一支队伍



## 8 人人都能成为斜杠青年：我的斜杠青年探索之旅

# 第 1 章

# 20 ～ 30 岁，与时间赛跑的这十年

## 1. 一个二本学生的逆袭之旅

2004 年，我考上了广东省的一所二本学校，在当时，这是一所相对普通的学校，现在已经升级为重点本科。

现在回想起来，情景还历历在目，当查到分数只有 600 分时，我的眼泪止不住地流了下来。我所在的东山中学是叶剑英的母校，考这样的分数，在当时是中下等的水平。我打电话给高中的同学哭诉，剧情的发展完全超乎了我的意料。几乎所有感情不错的同学听到我的分数时，都为我高兴！

原来，在他们的眼里，这样的分数我都高攀不起！

这才是最大的打击，当你认为自己值得更好时，别人却认为你不过如此。

我暗暗地告诉自己：大学四年，我要改变自己的人生轨迹。

大一第一学期，我已经开始了目标管理法，定了 4 个目标，如下图：

大一开始做目标管理

为什么会有这样的四个目标：

| 四个目标 | 目标意义 |
| --- | --- |
| 考过四级、六级 | 80 后对英文都有一定的执念，如果能够把英文学好，会是一件既酷又对未来职业生涯有很大帮助的事 |
| 每年拿奖学金 | 仿佛从懂事开始，我对金钱就有一定的“欲望”。此外，拿奖学金既能证明自己学习成绩优秀，还可以有实质的物质回报 |
| 恋爱 | 20 岁的我，对恋爱，一直固执地认为：校园式恋爱才是最纯洁的恋情，这必须是每一个大学生的标配 |
| 社会实践 | 一开始是想着为未来的就业做准备，如果能赚到钱，更是一举两得的事 |

等到毕业那一天对照目标：

- 考过四级、六级：大一，我顺利考过四级。考六级时，并没有一次性通过。大四的第一学期，只剩最后一次放手一搏的机会了，我停掉了其他所有的活动，最后以 500 多分考过了六级。考过六级对我而言，是一块就业的敲门砖。
- 每年拿奖学金：从大一到大三，三年一共拿了六项奖学金（大四没有奖学金）。我并不是一个传统意义上的好学生，也会翘课、抄同学作业。但是每一次考试前的一个月，我都会给自己制定一个考试复习排期表，每年都实现了自己的预定目标。拿知识付费元年的标准来解读这件事：这不就是知识变现的一种形式吗？在多年以后，我才意识到，拼搏拿奖学金的过程，简直就是一种最好的锻炼学习能力的方法。
- 恋爱：从大一开始谈恋爱，直到今天结婚生子。我清晰地认识到，并不是每一对校园恋人都能走进婚姻的殿堂，而我无疑是幸运的一个。截止到 2017 年，我们认识 17 年、恋爱 14 年、结婚 8 年、小孩 4 岁。
- 社会实践：参加了无数的社会实践，毕业那年靠自己的努力有了5位数的积蓄。后来工作时，许多面试官都感觉我不像应届毕业生，更像是一“枚”职场老手。

以上四个目标的设定和最终100%完成，从现在的角度看来，我一直是颇为努力和有计划的人。

世界观是观完世界才有的，一开始谁都不知道自己的路是否走对，只有真正做出来的人才有资格评论。

每个人，在设定自己的人生角色目标时，要注意以下三大维度。

### （1）从人生角色的角度来看

- 现阶段人生角色当中，必须要实现的事件是什么？比如我是学生，拿奖学金和考过六级是我当时特别想做的事。
- 现阶段人生角色当中，为下一阶段做铺垫的事件是什么？比如下一阶段我将进入职场，社会实践对我来说就变得很重要。
- 现阶段人生角色当中，能增加人生活法多样性的行为是什么？比如在大学时期如果不谈恋爱，是未来一定会后悔的一件事情。

### （2）从目标的数量来看

四年的时间，3～5个目标是最为合理的数量，少了太过单一，多了又不够聚焦。

### （3）从目标的可实现性来看

- 你的价值观是什么？这个问题不是所有人都认真地考虑过，即使考虑了，也不一定有答案。在没有答案之前，带着对这个问题的持续性思考，会增加答案浮出水面的概率。20多岁时，我的价值观也并不清晰，但从所设立的目标来看，几乎都和个人成长有关。与其说是价值观，用更通俗的表达方式来说是我接受对个人成长有帮助的一切事件。

- 你的目标能让你有一个更加美好的未来！我是那种喜欢为自己的未来描绘故事场景的人，这样的蓝图描绘会让自己对未来有更多的憧憬，当遇到困难时，更有坚持下去的力量。
- 目标的完成，通常能起到杠杆效应。你的目标达成，通常不是单一结果事件，而是能起到杠杆效果——一件事的完成，起到正向连锁反应，比如说拿奖学金。
- 试错机制！很多人好奇，30 岁的我为什么会如此自律。主要原因是我把本应该放在职场上的试错机制提前到了成本更低的大学生活中来。整个大学生活，单纯从社会实践来说，我前前后后做了 10 多种完全不同的尝试，过足了不同版本生活的“瘾”。
- 目标的反馈：你所要努力的方向，如果时间过长，阶段性的反馈会变得非常重要。比如说，奖学金是每半年领一次、在考过六级之前得先通过四级，阶梯式的反馈，让 20 多岁的我找到了最适合自己成长的节奏。

## 2. 第一份正式 offer：未毕业却先失业

大四上半学期在广东最出名的高校——中山大学参加了一场全国招聘。

那场招聘会，场面盛大，现场应聘者熙熙攘攘，尤其是知名企业的招聘“档口”，每一个岗位前都排满了应聘者。

我带着厚厚的应聘资料，来到了某航空公司管理培训生的岗位前。

首次面试当场通过，我很快收到了复试的通知。

复试是电话面试，一问一答聊得很愉快，一个星期后，我又收到了笔试通知。

笔试前我在百度上搜索了解情况，输入我的名字竟然能看到企业官方发出来的笔试邀请函，整个人开心极了。花了几个小时的时间，找到的资料并不多，我暗暗对自己说：我能行！

笔试的现场安排在中山大学，抵达现场后，整个人的信心丢掉了一半。

因为笔试现场名牌里，写了每一位同学的学校和名字。偌大的教室里，全国各大高校的学生齐聚一堂，然而，我是世俗评判标准当中，最差的一所学校的学生。

等待的时间，情绪一直没有恢复，但突然脑海中出现了一句话：难道这种情况还不足以证明我很优秀吗？我可是一个不太好的学校里的好学生啊！

给了自己一个肯定的答案后，我端正了坐姿，还有 5 分钟，笔试就要开始了。

笔试结束后并没有很轻松，因为考试题目确实有点难。我再次安慰自己，这一次就当一个“炮灰”吧，起码增加了很多从未有过的经历！

笔试成绩出来后，我低分通过了，可能是面试分数比较高，综合排名下，我得到了这个 offer，而被录取的人只有 5 个。

我是那种做一件事会多维度充分准备并且在平时把功夫做足的人，在大四之前，我通过：

- 社会实践：丰富的社会实践让我有机会接触到形形色色的中国人甚至是外国人，交流一点都不怯场，每一次的面试我都能从容应对。
- 面试话术演练：两种演练的形式，一种是和宿舍的其他同学进行讨论、交流、一对一问答，另一种形式是对着镜子自言自语进行自问自答。面试—演练—再面试—再演练，多次反复循环，面试当中遇到的很多问题就会尽在掌握当中了。
- 大量阅读职场小说：大学四年，有相当大比例的时间，我都是“泡”在图书馆里的。就连去刘先生的学校，也是拉着他一起“泡”图书馆。大量阅读职场小说后，我对职业生涯可能会出现的场景做到了胸有成竹，内心反而更加笃定。
- 招聘会前准备：任何一场招聘会，我都会提前看参与的企业有哪些，并且上网搜索每个企业的情况后快速锁定目标，再全方位地搜索了解这些企业的文化、新闻等具体内容。最后在面试现场表达对企业的关注、喜爱和了解。

收到录取 offer 通知的那一刻，仿佛整个人生都被照亮了，可不巧的是我生病了。

按照流程，我们一行 5 个人一起体检，体检时由于自己生病比较严重，完全说不出话来，但跟大家一起聚餐的兴奋感让我完全忘记了自己身体的不适。

当时的男朋友、现在的老公刘先生早早决定了到深圳某知名设计院上班，一开始我们还很忧愁要异地恋，这下好了，我们不用分开，可以一起在深圳拼搏了。

我在同学羡慕的眼光下，开始与刘先生名正言顺地享受起大学最后一段悠闲时光。

但事情后来的发展，出乎了所有人的意料。

因为刘先生次年的 1 月开始到深圳实习，我也选择了提前到 3 月参加航空公司的实习。

那是我第一次到深圳，刘先生接我到他单位的宿舍时，因为内心过于喜悦，完全没有留意到宿舍的简陋，只觉得大好的前程在等着我们。

实习期的工资很少，还好有餐补。岗前培训期间，我们 3 个人（其中有一个是因为犯错误而回炉培训的空姐）天天“混”在一起。整个实习的过程，说实话，我一点都不认真。

结果可想而知，我考试的成绩一塌糊涂，并且因为我们是企业招的第一期管理培训生，企业都还没有想明白如何安排我们，就直接根据我们的成绩排名让我们 5 个人全部到机场先当 Call Center 的客服。

我当然不愿意，不知天高地厚地找到了公司的高管，想和他谈谈我的岗位安排问题，也直接在现场表态：不同意我就走。

和我谈判的是公司的副总，我从他的眼神中看出了他的犹豫，这犹豫里带着欣赏也带着困惑：他需要和老总商量一下，看怎么“处置”我。

我在门口等待结果的那十分钟，是我人生中最为漫长的十分钟。

秘书出来的那一刻脸上没有任何的表情，我知道谈崩了。当天，我去了 HR 部门办理了手续，拿回了就业协议。每年的免费机票，还有当时觉得价值连城的深圳户口，这一切还没有到手就统统烟消云散了。

得知此事的亲戚、朋友们纷纷表示惋惜，并责备我太过于年轻气盛。

我以为会以好得被大家羡慕的工作作为我大学四年圆满的句号，却不想我未毕业却先失业。

## 3. 重新出发：误打误撞进入了时下最火的互联网行业

然而学校招聘高峰期已过，意味着好的工作都已经被一抢而空。

我没有多少时间可以焦虑，调整了状态，第一时间赶回广州参加所剩无几的几场招聘会。

一边应付周围同学看到我返回学校时充满疑问的眼神，一边马不停蹄地独自一人参加学校招聘会。

最惨的是果然没有多少机会，只好灰头土脸地又回到了深圳。

我开始想，有什么更好的办法可以找到一份自己满意的工作，而不能像之前还有大把工作机会可挑时那样掉以轻心：

- 时间上，像上班那样朝九晚五地找工作，一天可以发上百封邮件，完成几场面试；
- 内容上，针对不同的工作岗位，制作了多个版本的简历和求职信，提升面试官的第一印象；
- 机会上，好的机会做全面准备：查资料，做面试演练；一般的机会也认真对待，疯狂“刷”面试经验；
- 渠道上，深圳当地的招聘网站、全国性的招聘网站通通不放过；
- “套路”上，把面试成功拿到的第一个offer从头到尾梳理了一次，仔细分析做得好与不好的地方。

于是，我重新恢复了满是信心的状态，每天不是在面试，就是在投简历。

不到两个月的时间，我拿下了 6 个 offer，从中选了当时我认为性价比最高的一家互联网行业公司作为人生中第一份正式的工作。

在这里，我要感谢刘先生，对于女人而言，遇到对的人犹如一个华丽的转身。刘先生早早就确定了工作岗位，却不厌其烦地陪我去了无数场招聘会现场，一次次陪我面试直到我找到满意的工作。

因为他，我义无反顾地来到了一个陌生的城市。人们常说，爱上一个城市通常是因为爱上一个人，年纪轻轻的我在当时就已经懂得：远距离的爱情不可能长久，再加上是校园恋情，要么放手，要么坚守。

我在第一家公司待了将近 5 年的时间，这 5 年里，我无数次因为压力大、不开心哭着打电话给刘先生说要辞职。但也因为有了第一份工作的经验教训，让我成熟了很多。但说归说，我还是很清楚地认识到这份工作的价值，咬咬牙，坚持了下来。

5 年的坚持真的不容易，直到今天我依然无法忘记，我深夜调过的那些广告，我无时无刻保持着开机状态只为满足客户随时随地的呼唤，我长途跋涉不分上下班时间只为了到现场为客户提供周全的广告服务，努力没有白费，公司看得到、工资体现得到、客户的目光感受得到。

更重要的是，我的能力得到了大大的提升，做事果断、干练、抗压力强、目标明确。

有些人跳槽了一次后仿佛成瘾，总是把关注点放在工作的缺点上，一跳再跳，每份工作都做不长久。而我却非常庆幸自己吸取了第一份工作盲目跳槽的教训，说句不落俗套的话：现在的我，非常感谢当年努力拼命、敢于做不一样选择的自己！

## 4. 努力看得见：结婚前，我们住进了自己的 Dream House

2008 年毕业到 2010 年年底，那两年我们一直住在刘先生那非常简陋的宿舍里。

我还非常清晰地记得这样两个场景：

- 夏日的清晨，阳光晒到我们身上，直接把我们热醒。早早起床，去对面的麦德龙商场，名义上是逛一逛，实际上是为了蹭空调。
- 刘先生的大学舍友来家里做客，坐了一会后说：家里太小了，我们还是不在家里做饭，去外面吃饭吧。

这两个场景，过去了许多年，但几乎每一个细节，我都能回想得起来。

但是，我们过得很开心，和我们同住一个套房里的是刘先生的同事，恰好是我们同一所学校出来的师兄。

周末的时候，我们时常一起分工做饭，吃饭后再一起“踩”单车逛深圳的大街小巷。

多年后我们再聚，还时常聊起那时的场景，非常值得回味。

那时，我们都很拼，两个人的收入也不算低，之所以选择住在条件比较差的宿舍里，是因为我们有自己的梦想和渴望——凭借自己的努力，住进自己购买的房子里。

我们给自己定了一个目标：毕业 3 年后，在深圳买第一套房。

2010 年年底，我和刘先生做了个大胆的决定：买！管它房价会不会跌，反正我们是刚需自住。

买房子那天晚上，我在公司开会加班，刘先生独自一人看房、和中介谈合同，中间打了个电话问我能否赶回来看房并一起签订合同。

我直接回答说："我不看了，你买吧！"

结婚前住上 Dream House

没有给自己过多考虑，我们拥有了人生当中第一套真正属于自己的房子。

办手续时，刘先生带着我去看了看房子，虽然是二手房，整个房间的布局很不合理，装修也不是我想要的风格，但是户型很方正。

说实话，如果那天我看了房，可能会反对。像我这样的"颜控"，只会被眼前的景象惊呆。

2011 年，我们搬进了完全按自己想法装修好的房子里，和当时看到的房子简直天壤之别。

我和刘先生毕业后的第一个大目标，终于完美实现。

也就在那一年，我生日的那一天，我和刘先生分别带着一张一寸照片前往民政局领结婚证。在工作人员的笑声中，我们红着脸跑去拍了一张合照：我们领证了！

## 5. 经历一场手术：我辞掉了高薪工作

一切看起来都很顺利，我却在朋友帮我们庆祝乔迁之喜的那一晚，因为肚子痛被送进了医院。

做了全身检查后，我必须面对唯一一个选择：做手术。

那一年，我经历了一场手术，怀孕概率只有 50% 以下了，还必须连续打半年的激素。我哭得很惨，以为自己会死掉，恐惧未来，对生活完全没有了信心。我不断地问刘先生为什么会这样，我一直那么努力，我们才刚刚结婚。

经历过太少挫折，承受能力太差，一点点困难就以为整个世界坍塌了，但是，不是吗？你可以工作上遇到种种刁难、生活中碰到难以解决的问题、人际关系得到冷漠的对待，但还是很难接受自己身体上的病痛，健康没有了，一切都是零。

刘先生一直无微不至地照顾着我，每天医院、公司、家里三头跑。从我入院到出院，他是同病房唯一一个每天晚上都睡在医院陪伴我的家属，我吃了药又吐，整个人状态很差，手抖着签下了那份如果失血过多后果自负的术前文件，庆幸的是整个手术很顺利！

2011 年，我辞去了真正意义上的第一份工作，准备找一份轻松的工作，调养身体完成革命性的使命。

也是从那个时候开始，我有了精力管理的概念，一是因为动了手术伤了元气，二是即使怀孕概率只有 50% 以下，我还是想当妈妈，我要以最大的努力、最健康的身体迎接宝宝的到来。

在我看来，简单而又好用的精力管理有三大类：

**（1）被动休息：困了才睡、渴了才喝水、饿了才吃饭，这些就是被动休息。**

以喝水为例子，在很渴的当下喝下一杯水，感觉当然很爽，但在这种状态下你的身体已经是极度饥渴，才会出现口渴的感觉。

大概有 60% 甚至以上的人停留在被动休息阶段，被动休息会有什么坏处：

- 饿了才吃饭，甚至是不吃饭，身体就不会有足够的能量，甚至会引起与胃相关的疾病；
- 我们长期坐在有空调的办公室，渴了才喝水，会更加降低身体对口渴的敏感度，等到真正口渴时，身体饥渴程度已到达较高值；
- 被动休息不仅会使身体出现透支，影响免疫力，甚至会使人因过度劳累而生病。长期这样，整个人的精神状态只会越来越差，精力值也会越变越低。

**（2）主动休息：按时吃饭、按时休息、主动补充水分，这些就是主动休息。**

科学家的研究表明，人体疲劳的产生有一定的物质基础，这就是人体在新陈代谢过程中产生的二氧化碳、乳酸、非蛋白氮等。当人体内的这些疲劳物质积累到一定程度，达到“疲劳阀值”时，人就会感到疲劳。

人体内也有能消除这种疲劳物质的机制，但有一个度，疲劳物质的数量在“疲劳阀值”以下时，这种物质会很快被消除，疲劳物质的数量达到或超过一定范围，消除它们的时间就会大大延长，同时就极易诱发许多疾病。

于是生理学家提出了一种全新的休息方式——主动休息。生理学家同时又指出，疲劳对人体来说是一种保护机制，人们不应在感到疲劳时才去休息，而应该在疲劳未到之前就主动休息，包括主动休身和主动休心，效果会更佳。

大概有 30% 的人具备主动休息的意识，但也并不是所有的项目都能 100% 做到。

以上是主动休息的初级阶段，接下来聊聊主动休息的进阶阶段：

- 同样是按时休息，我们认识到早睡早起的好处，开始有意识地调整自己的作息；
- 了解到上班时间长期坐在位置上不动的坏处，开始有意识地站起来活动自己的身体；
- 知道什么样的食物更适合自己的身体，开始有意识地改善饮食结构。

（3）仪式休息：工作日的午后，花半小时的时间去附近的 coffee shop 喝个下午茶、晒个太阳、发个呆。

早上起床后，换上运动装备，到楼下跑步，之后回家洗澡再去上班，一整天精力充沛；

周末的晚上，化个淡妆，穿上工作时没有机会穿的漂亮衣服，约会充满正能量的小伙伴（记住，千万别去充当别人的垃圾桶），渡过一个悠闲的晚上。

我们已经越来越意识到仪式休息的重要性，这种类型的形式有一种被充满电的感觉，可以维持较长的时间。

从 2011 年 7 月至今，90% 的情况下，我都是以主动休息和仪式休息的形式，为我在 30 岁时能协调管理好那么多斜杠身份打下了坚实的基础。更重要的是，动手术后的第 8 个月，我顺利怀孕了！当医生说我非常幸运时，我清楚地知道，自己为了顺利怀孕，辞去了工作，改掉以往很多生活上的坏习惯。这一阶段在精力管理上全身心的投入，为未来我的多重身份状态奠定了良好的基础。

那些对的事，只要坚持做下去，在未来一定会以你意想不到的方式回馈给你！

## 6. 意外 Gap Year（间隔年）：我成为妻子和母亲

每年我都保持着规划自己人生的习惯，2012 年我的规划包含了婚礼和怀孕。

2012 年年初，我的校园爱情终于画上了圆满的句号，亲手策划的婚礼温馨而感人，到场的好友非常多，我们在“七年之痒”的那一刻，以爱的名义牵手走进了婚姻的殿堂。

在人生的旅途上，想获得的东西很多，一定要有主要目标。主要目标是需要非常努力才能完成，甚至是努力了也不一定能完成的。我们可以先定一些微小目标，较为轻易地完成，为完成主要目标带来一定的信心和力量。

2012 年我没有上班，定义为 Gap Year，从一开始无法上班的歇斯底里到后来愉悦的心情，这一年，我收获巨大。

- 不断阅读：这一年，我读了 300 多本书，重新把因为忙碌而放弃的阅读习惯捡了回来，阅读成了我的一个终生习惯；
- 学会烹饪：停下来享受生活的美，每天研究烹饪，发现原来自己也有烹饪的天分；

- 学会制作甜品：向来爱吃甜品，宝宝出生后这门手艺简直太重要了；
- 细心体会我和宝宝一起成长的每一个瞬间。

我觉得自己很幸运，那些一开始以非常纯粹的目的去做的很多事情，后来都有很大的作用。

比如说制作甜品，我的儿子，和他妈妈一样是“枚”吃货，每次甜品出炉时看到他满足的表情，此生足矣。

再比如说重拾阅读的习惯，为我 30 岁斜杠青年身份的开启，打下了非常结实的基础。

这些看似不顺遂的人生之旅，恰恰让我遇见了更多美丽的意外和精彩。

2012 年年底，我安全顺产小正太一枚。

生儿子的那一天，难产，痛了 29 个小时才把儿子生出来，当我被推出产房的时候，所有人的注意力都在小孩身上，而我清晰地看到，刘先生握着我的手摸着我的脸说辛苦了，心疼我的脸因为疼痛而发青。那段时间刘先生因为工作忙又要照顾我们，足足瘦了 20 斤。

我是刘先生的初恋，初恋固然好，但也是一张白纸，惊讶于他在那段时间能如此悉心照料我的情绪，后来细问才知道，原来他牢牢记住了我生小孩之前对他说的一句话：“孩子出生后，你要对我比从前更好。”

2012 年，我获得了人生当中非常有意义的两个身份——妻子和母亲。

## 7. 回归职场：直接晋升为管理者

2013 年，我的职场贵人再一次给了我一个挑战自己的机会，即回到原先的公司，直接晋升为管理者。这个贵人，是一个美丽睿智的女子，她在我的人生中有着非凡的意义。

儿子那个时候还不满两个月，我犹豫了，但我知道这对我来说是一个千载难逢的好机会。更凑巧的是，那一年我毕业已经进入第五个年头，我的规划里关于工作这项的目标是：重新回归职场，并在一年内晋升为管理者。

和刘先生商量后，一致决定接受这个 offer。

重新上班前两个月的时间里，我依然坚持母乳喂养，每天跨越深圳罗湖区、福田区、南山区。很快，我瘦成了"一道闪电"，整个人只有 70 多斤。

我坚持喂儿子到 11 个月的时候，因为自己的体重一直上不去，工作也特别忙，常常是一天到晚都待在客户公司忙到根本没有时间挤奶，我决定给孩子断奶了。我为自己制订了一个断奶计划，开始按部就班地执行起来。

我知道断奶计划对很多的读者没有什么作用，但我特别想分享我断奶背后的三个考虑，这个考虑的底层逻辑同样适用于思考很多事情。

### （1）与儿子的沟通

很多妈妈在断奶的时候很痛苦，甚至选择了逃避，到睡觉时间故意不回家，等宝宝睡着后才回，减少双方纠缠的痛苦。

从决定断奶那一刻，我开始不厌其烦地用温和的语气和儿子沟通，把整个考虑的过程、接下来要做的事、需要他的配合等都一一说给他听。我不确定他是否听得懂，但我知道他有知情权和参与权。

从小我就喜欢和他聊天，所以他很乐意听我说话，总是瞪着大大的眼睛看着我，天知道我们有多么爱对方。

我们平常在面临很多难题时会选择逃避，逃避的当下确实很轻松，问题或许能得到很好的解决。可是对当事人来说，是另一种形式的煎熬。逃避方会猜想被逃避方的感受，被逃避方其实也能感知到整件事，多数情况下是被迫无奈地接受。

养成主动沟通的习惯，会让你更加积极地面对人生当中的难题，相信你总能找到适合的方法去解决问题。

如何养成主动沟通的习惯：

- 察觉：先意识到自己又在逃避。
- 列沟通大纲：我为什么要做这件事，对双方的影响是什么，我有什么好的解决办法？
- 疏解情绪：沟通的当下最重要的是疏解对方的情绪，回想看看，大多数的情况下我们并不是因为事件本身而受到很大的伤害，更多的是不被理解、不被重视的感受。
- 顺应回馈：被沟通者提出自己的意见时，顺着对方的思路给予一定的回馈，表达自己的真诚态度。
- 建立双方的沟通机制：通俗点来说，就是养成发生问题双方乐意沟通的习惯，怕就怕一方愿意面对，另一方却是拒绝的姿态。

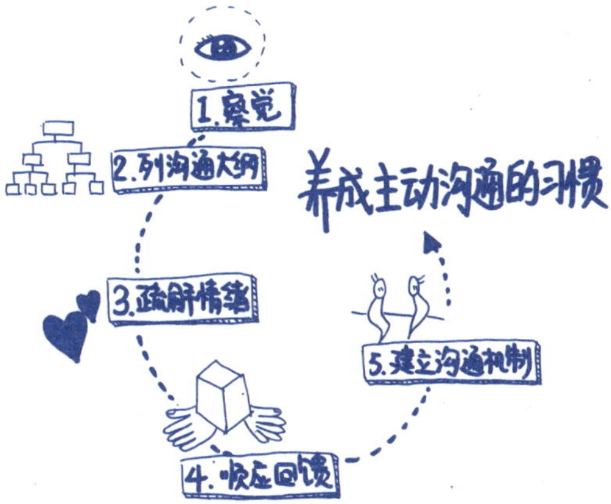


（2）提前开始给儿子喝奶粉

这个举动算是过渡期，也算是寻找替代品。断奶的第一举动不是断，而是找能充当母乳的替代品，我选择了奶粉。

在对任何人做任何事时，你需要的不是打破当下双方熟悉的场景，而是应该寻找替代品。

这特别像当我们要戒掉一个习惯时，最好的方式是找另一个缓冲的习惯来替代。

比如说要戒掉吃零食的习惯，最好的办法并不是再也不吃垃圾零食，而是为自己准备健康的小零食。

（3）逐渐减少母乳次数

每隔 3 天，减少一顿母乳，当然，整个过程也并不是完全顺利，中间儿子有不接受的时候，但还是相对轻松地过渡到了只喝奶粉的阶段。

宝宝的适应能力虽然很强，但是通过递减的方式给他一个过渡期，他会更好地适应这个阶段。

重回职场后，我们俩的收入都相对稳定下来。

那是个平常的午后，刘先生接到了中介朋友的一个电话，得知在同一个小区，他的一个朋友因为急需用钱，打算把自己购买的小户型房以比市面便宜几万元的价格出售。

因为我一整年没有上班，房子又有月供，我们的手头并没有什么现金。我和刘先生反复思考了很久，最后决定借钱买房。

那一年，我们在同一个小区，给刘先生的父母买了一个小户型房，为了将来我们能够生活在一起，又各自有自己的私人空间做准备。

我们成了拥有两套房子的“房奴”。那个时候，两套房子的月供加起来是我们两个人收入的四分之三，更重要的是为了买第二套房子，我们背负了数十万元的债。

但我们对自己的未来很有信心，趁着还年轻，大胆地做一些决定，努力为自己的未来拼尽全力。

与此同时，工作上，我的岗位职级从经理最低级，升为经理最高级，带领的团队屡次获得全国竞赛奖金，我也被评为公司的十佳员工。

## 8. 跳槽到大型外企：开始探索人生版本另一种活法

在 2014 年年中时通过朋友的推荐，我被挖至一家有 8 万多名员工的外企 S，成为 SEM 主管。

在得知这个机会时，几乎是没有任何的犹豫，我选择要去这家 S 公司。

很多人在跳槽时并没有想得非常明白，在我看来以下五个因素，可以给大家一些参考。

### （1）薪酬

和同事聊天聊到薪酬问题，发现他的岗位比我高，薪水居然比我低时，说实话，我整个人都是震惊的。所以，除非是 Title 有很大的区别，不然在谈条件时，把更多的精力花在薪酬上吧。

请注意是薪酬而不是待遇！薪酬是什么？薪酬是你能拿到的薪资。待遇是什么？待遇是只要你进入这家公司，你与其他人能够享受到的标准是一模一样的。为什么特别把这个点提出来，因为有些企业的待遇比较好，在与你谈薪酬时，会把这些作为筹码，如果稍不留神，很容易会被“迷惑”！

为什么说薪酬那么重要？当你跳槽时，新公司给的薪酬标准，绝对会参考你现有公司的薪酬水平，一般情况下的涨幅为原公司的30%以上。另外，如果付给你的薪酬低于你的能力，你是很难受到企业的重视的。

这种感觉就有点像是，当自己对一个人/一份工作/一件事物付出越少，就越难是真爱。

如何判断自己的薪酬是否在标准值以上？有以下几种办法：每隔两年把自己放到猎头网站上去试一试，掂量掂量自己的分量；那些跳槽了的旧同事，他们现在的薪酬如何？同样的岗位新招的同事，他们的薪酬如何？

### （2）职位

互联网扁平化管理时代，职位有时候只是个虚名。职位在什么时候最重要，在你准备跳槽的时候！

我的多重身份中，有一个身份是职业生涯规划师，在上课时常常会遇到学员有关职位方面的困惑，其中一个学员的问题是这样的：准备重新找工作，结果在这个节骨眼上，老板升了她的职，完全把她原先的计划给打乱了。她问我到底还要不要继续找新的工作。我的答案是留在原公司，起码在新升职的管理层岗位做半年再考虑跳槽的事。

这个时候跳槽的标准，直接提升到新任职的职位上，即使只有半年的时间，也是足够的。新的机会无论在职位还是薪酬上，都会直接上一个台阶。

### （3）上司

什么算是好的上司？真的是见仁见智了，不知道是人品不错还是命好，我的上司一直都挺棒的。

什么样的上司值得追随，我有几个标准：

- **独特的能力：**职场上的实力不外乎几样，作为一个领导，要么业务能力过硬，要么沟通能力、掌控能力、情商等过硬，总有一样是强于其他人而不可替代的。
- **上进心：**上进心代表 Ta 有升职的可能，也就代表你有机会接替 Ta 的职位，有上升的空间。
- **不阻挡你的前程：**如果公司内部明显有岗位适合自己，并且老板征询了你上司的意见，如果你上司出于私心或者嫉妒进行了阻拦，一旦发现这种情况，找到机会就果断离开。
- **懂得维护你：**打开门的那一刻，无论下属对错，一定要先表明立场，再委婉批评。无论是语言上还是行为上，分得清谁是自己人。
- **情商高：**如果一份工作做得不开心，再多的其他都是枉然。上司非常容易决定你心情的好坏，如果情商低、情绪化、太关注细节，每天都提心吊胆，要工作得开心真的是难上天。

看到这里有人会说，怎么可能会遇到那么好的上司？想想自己的需求吧，再根据实际情况做个对比，满足其中几个即可。

### （4）行业

这一条里，把行业和企业进行了结合。

首先，判断所选的行业是否是朝阳行业，最起码不应该是夕阳行业。

其次，看看自己所选的企业在行业中处在什么水平，是靠前还是靠后，如果靠后，发展的速度怎么样？

最后，如果企业确实是处于相对夕阳的行业，那么企业是否有开拓新领域的计划？你所进入的部门是新领域部门吗？也就是说，选择传统行业里的新兴部门，虽然需要做拓荒牛，挑战会比较大，但成长的速度、薪资待遇都会超过平均值。

### （5）人际关系

去年有一家公司准备“挖”我，聊了长达 3 个小时后，对方对我的综合情况很满意，但他最后看似无意说得一句话，却让我思考良久。

他说：“你的管理能力、服务能力、沟通等能力都很不错，最大的不足是，你以往接触的客户都是小客户，这些客户，并不能成为你的人际关系资源。”

我认识一个朋友，她的薪酬待遇、岗位一直都不如我，但是她服务的客户都是各个行业 Top10 客户。

由此她结识了很多高端人际关系，后来她的高端客户帮她介绍了一家知名企业。面试的时候，对方听到她服务过的企业名单后，只是问了几个简单的问题后，毫不犹豫当场录用。

以上的五个要素，同样适用于当你想选择离开一家公司又无法抉择时的一个衡量参考。

但真实世界中，“变数”很多。所以，参数再多、标准再正确，也会有做错判断的可能。

同时，并不是要同时满足五个要素时才可以考虑跳槽，而是在有跳槽的想法时，对比看看这五个要素在新旧公司的区别，从而做出相对深思熟虑的选择。

社会发展那么快，谁都不能保证你当时万般挣扎要离开的企业，未来会不会突飞猛进。但自身变得更努力、更优秀、更有竞争力，永远都不会有错。

我在 S 外企工作了两年的时间，这是一份事少、钱多、离家近的工作，每天 5 点下班，上下班有班车接送。一个已婚已育妇女，能得此工作，我相信大部分都会觉得此生足矣。

S外企的生活

一开始，我也不例外。可是工作了半年时间后，我开始闲到发慌，每天工作之余不知道如何打发时间。说实话，我很感谢第一份辛苦而挑战的工作，它奠定了我对工作的深刻认知，也让自己非常笃定内心的喜好：我需要的是一份有挑战性，而非表面上看起来条件很好、很舒服，实则温水煮青蛙，慢慢腐蚀了我内心激情的工作。

但是我还不能立马离开 S 外企，当下我最重要的人生角色是与儿子的亲子时光。

我内心一直有个做事的评判标准：在做任何选择时，必须明确并做好当下人生最重要的角色：

- 也许你是一个自由职业者，所有的精力应是致力于打造好个人的品牌；

- 也许你是一位全职妈妈或者是工作相对轻松的职场妈妈，育儿就是你当下最重要的人生角色；
- 也许你是一个忙碌的职场人士，把手头上的工作做到最好是你当下最重要的事。

无论是什么样的场景，都有一个唯一的衡量标准：把你手头上应该做的事，做到你所能达到的最高度。

这是一个“很好玩”的概念，当达到一定高度后，你会发现，个人的能力层级也自动上升到了相应的维度。

在做好当下最重要的角色之前，你得先找到当下阶段最重要的角色：如果不知道什么才算是识别当下阶段最重要角色的标准，那么就以当下所花时间最多作为一个标准。分享一个我在“新精英”学到的工具给大家——画人生角色饼图，它有两个作用：

- 帮你厘清当下阶段你自己的时间和角色的分配；
- 结合你内心的真实想法，画出理想状态的人生角色饼图，向着理想的人生状态靠近。

以下为人生角色饼图的六大步骤：

① 先列出你生活中需要承担的所有角色。

比如你是孩子的父亲或母亲，你是你父母的儿子或女儿，你是一位丈夫或妻子，你是一位工作者，你需要业余时间放松、需要运动锻炼那么你是一位休闲者，你要做饭要操持家务那么你是一位持家者，你要学习要成长那么你还是一位学习者，如果你业余时间还有其他身份可以继续增加业余身份的角色。

参考角色：学习者、工作者、休闲者、父母、子女、持家者、伴侣、业余身份……

② 算算你每天除去睡觉的时间可分配的时间是多少。

我们在学习的过程中总会遇到各种各样的辅助工具，如何才能最大化工具的价值？我的看法是，理解了工具的原理后，加入自己的思想，让它变成自己的专属工具！

结合自己的特点，我把这一步的内容做了些调整，原本人生角色饼图是要刨除睡眠时间，但是我的加入了睡眠时间，在我看来，充足的睡眠，才是一切高效率生活的保证，让它成为最适合我的人生角色饼图。

③ 看看你目前用在每个角色上的时间是多少，然后换算成你的可支配总时间的百分比是多少。

④ 在白纸上画一个圆圈，也就是一个“大饼”，把刚才的数据按照比例画进去。

⑤ 把笔放下，静静地思考以下几个问题：

- 你对于这个角色饼图的比例分布满意吗？
- 你对于这个角色饼图所反映出来的生活现状满意吗？
- 有没有哪个角色是你想要增加投入的？
- 有没有哪个角色是你可以减少投入的？
- 有没有哪个角色是你心中青睐、一旦它履行得更好可以大大提高你的生活满意度的？

⑥ 思考完了之后，请再拿起你的笔，把它当成一支“魔术之笔”，画出你重新考量之后的、让你更加满意或者你觉得更为理想的图。

花时间最多的那个角色，即是你当下阶段相对重要的角色。换而言之，如果花时间最多的角色，你做得并不好、并不喜欢、并不享受，对人生将会是最大的折磨，你需要调整它。

每个人，在不同的阶段，角色的分配和饼图都会发生很大的变化，这里分享一个角色分配表格、人生角色饼图示例给大家做参考，如下图：

| 角色分配 | 角色内容 | 时间（小时） | 比例（%） |
|---|---|---|---|
| 休闲者 | 睡眠、跑步、看电影吃饭等 | 9 | 37.5 |
| 母亲 | 陪伴儿子的时间 | 4 | 16.8 |
| 妻子 | 陪伴老公的时间 | 1 | 4 |
| 工作 | 上班时用于工作的时间 | 4 | 16.8 |
| 学习者 | 用于学习的时间 | 3 | 12.5 |
| 业余时间 | 多重身份时间 | 2 | 8.4 |
| 家庭关系 | 其他家人陪伴时间 | 0.5 | 2 |
| 持家者 | 做家务的时间 | 0.5 | 2 |
| 合计 | | 24 | 100 |

我的角色分配饼图

再分享两个和我同是国家认证职业生涯规划师的玉小姐画的现实版和理想版人生对比饼图：

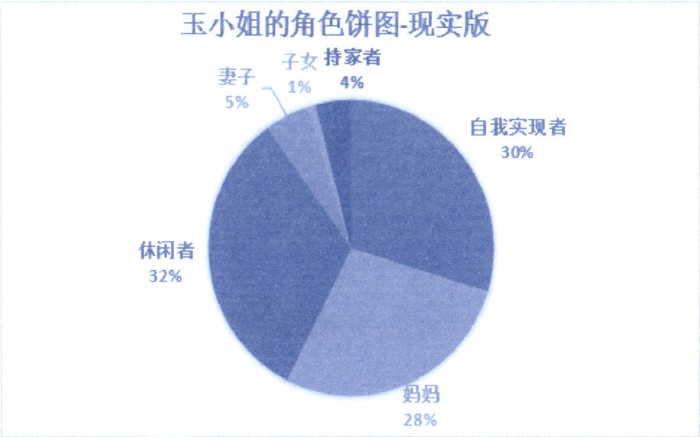


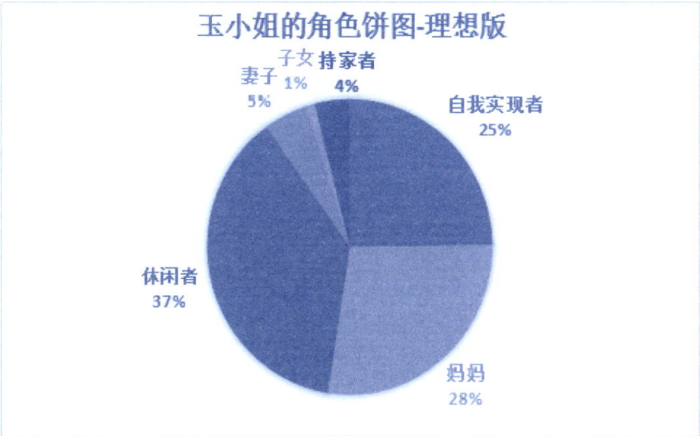


做好当下最重要的角色是逐个突破每一个角色后，逐渐累积并平衡好当下阶段出现的多个重要角色。

既然选择了当下最重要的人生角色为工作相对轻松的职场妈妈，确定了不能离开 S 外企，那我还能干些什么？

我给自己做了一个规划：

- 继续留在 S 外企工作，上班空余时间开始自学项目管理、演讲、写作等能够提升自我价值的课程；
- 下班陪伴宝宝之余的时间，开始加入一些公益社群组织。

我暗暗对自己说，如果有好的让我怦然心动的机会，再做选择！在那之前，我要做的是花更多的时间和精力提升自己的价值。

## 9. 30 岁这一年：人生开始弯道超车

据说，每 7 年我们身上的细胞便会全部更新换代一遍，也就是说，在生理上，每 7 年我们可以是一个新人。

30 岁是人生当中具有特别意义的转折年，热闹而丰富，让我知道，原来人生还可以有这么多的活法。

30 岁这一年，工作上，我的职业生涯进入第 8 个年头，也就是第 2 个 7 年的第 1 年，我选择完全脱离原来的专业，尝试完全不一样的轨道，但是我的内心却万般笃定，充满力量。

30 岁这一年，业余生活，我做了许多的尝试：写作、冥想、跑马拉松、参加公益社群、成为收费行家、参加 10 期 21 天打卡训练营……在 2015 年的最后一个月，凭借自己的第二身份，获得了 7000 元的意外收获，人生的格局被大大地打开。

互联网盛行的年代，机会那么多，挑战那么广，千万别再说自己怀才不遇了，你只不过是还不够努力，我从来不觉得安于现状是最好的活法，随时接受新的挑战才是生活最好的状态。面对有限的生命，只有自己有资格、有权利为自己进行选择，然后努力，其他的交给顺其自然。

时刻对自己保持信心，那么努力的我们，必定会为未来理想中的自己做好铺垫。如果你还是没有成为理想中的自己，或者是你不够努力，或者是时机未到，只要你足够努力，最坏的情况，也不过是大器晚成而已。在前行的路上，身边朋友们的人生经历，也给了我莫大的支持和鼓励。

（1）闺密 L 与她的创业男朋友

我的一个闺密，与她男朋友热恋时，男朋友正在创业，每天忙得跟“狗”一样，每个月却只能赚到微薄的收入。我去过他们所谓的办公室，卧室、厨房、仓库、办公区，真的是只有一步的距离，是真正意义上的前脚在卧室，后脚在仓库。

但是我闺密口中的男朋友，真的好到爆了：帅气、顾家、有能力……我当时就想：“爱情啊，你真的能蒙蔽一个人的双眼，哪怕是一双明亮而美丽的大眼睛。”

为了防止她被爱情冲昏头脑，我基本上与她保持一周 2~3 次的频率进行沟通，还时不时到她男朋友的办公室进行近距离的观察，甚至是住在他们办公室，像一只猫一样，时刻保持“警惕”，作为中国好闺密，我真的是操碎了心。

几次观察下来，发现闺密的男朋友一天到晚都熬在办公室，一心想着如何才能把只能看到一点点希望的事业做起来，为了节约成本，学摄影、P 图、仓储、物流……几乎无所不能。所以，帅不帅我没有看出来，但是非常努力我是看到了。据说那些年来，他们的约会时间几乎都在男朋友的办公室，一起做饭、一起用办公室的电脑看电影，日子也就这样晃悠悠地过去了。

后来，闺密与她的男朋友结了婚，再后来，闺密和我说，她老公的公司要关闭了。

我不知道该如何安慰，有些苦只有熬过的人才有资格评论，而外人，说任何的话都只不过是云淡风轻。

我们再也没有聊她老公工作相关的事，只知道他创业失败后去了一家企业上班。那时已是毕业第五年，我刚刚跳槽到一家年薪 30 万 + 的公司，自以为工资很高，闺密问我待遇多少时，我支支吾吾后才说出来，总觉得好像刺激到了她与她口中最有能力的老公。

然而，有天下午，阳光明媚，闺密发来两款车型，问我哪款好看，原来他们打算买车了。对车没有研究的我，准备按照车的牌子与型号搜索了解后给出我的建议，然后我就惊呆了，两款车，一款近 100 万元，另一款 79 万元，我马上打电话给闺密："你疯了吗？还是中了彩票？"闺密用一如当年形容她男朋友帅气、顾家、有能力的语气淡定的与我聊她老公到企业上班后的表现，能力全面、业绩惊人、升职迅速，现在已经升为那家企业的总经理，税后年薪是我税前年薪的几倍，还有很多企业老板想邀请他当顾问，每场次收费 4 位数以上……

我的脑海中不自觉地浮现：那些年，闺密老公工作到半夜的身影，为了学一项新技能案头堆满相关书籍的片段，原来，所有的努力，都会有回报。

从某种程度上来说，我很佩服我的闺密，眼光独特、内心笃定，如果换作别人，可能会在最开始或是因为一些现实的原因或是因为男朋友太忙无法陪伴自己而选择分手，而她，始终充满信心不动摇。我问她，她老公工作的事为什么没有告诉我，害我暗地里担心了那么久，她说：

“我从没有觉得这有什么特别，因为从一开始我就相信他的能力，知道他那么努力，总会得到他想要的东西，正如他又忙又穷时我没有和你抱怨，现在的他在我看来只不过是水到渠成而已，即使接下来他有别的选择，比如重新创业，我也会微笑着支持！”

### （2）大器晚成的宇姐

宇姐是我初中同学的姐姐，一次偶然的机会，在外就餐时，我们认出了彼此。

宇姐刚来深圳不久，在一家外贸公司上班，岗位是偏文职类的操作员，一干就是 5 年。因为已经接近婚育的年龄，重点当然就落在了寻找另一半上，所以花在工作上的时间并不算多，每天准时上下班，但工作非常认真，对待客户很诚恳，与同事相处也很和谐。

宇姐 32 岁那年谈了两年的男朋友因为各种原因离开了她，宇姐内心很受打击，却接到公司内部传来的消息，操作员的岗位可能会取消，但公司鉴于操作员有一定的客户基础，接受操作员转岗为销售。别无选择，宇姐选择了背水一战，转岗销售。

接下来的发展超出了宇姐的想象，由于积累了丰富的经验，对整个业务流程非常熟悉，性格耿直又为人真诚，原先服务的客户也非常认可与信任，那几年又属于爱情空窗期，工作起来特别拼，全部心思投入，业务像滚雪球般越做越好，很快在深圳买了房子。

后来，经客户介绍，认识了她现在的先生。我去参加了他们的婚礼，发现他无论是身高还是外貌都与现在的宇姐非常般配，而宇姐与我当年餐厅偶遇时的那个模样已有了天壤之别。原来，岁月并不一定总是无情，时光的雕刻，也可以让一个人越来越光彩。

我身边也不乏这样的例子，因为爱情有了挫折而把自己进行全面封闭，甚至是退回老家进行疗伤。我问宇姐当年为什么做了如此与众不同的选择，宇姐的回答是："退缩不能解决任何问题，我想我情场失意了，事业总该拼一拼吧？活到 30 多岁还什么都没有，感觉再不拼一拼，什么希望都没有了！"我还没有来得及接话，她又接着说："其实也没有想那么多，我当时也是被逼的，唯一的区别是，我选择了迎难而上。也许，还要谢谢那个离开我的男人，如果没有他的离开，我肯定会想着还有一个依靠，也许就辞职了。"

如此谦虚而诚实的回答，直接证明了她爱情事业的双丰收，只不过是努力过后时机的问题而已。一个人从能抓住一个改变自己的机遇开始拼尽全力地努力，后面的美好，也就是顺其自然的事情了。

人生的很多际遇，不都需要直接寻获，只要按照自己的步骤，或缓慢或急促，或明朗或迷茫，行动起来，逐步打开自己，丰富还是精彩，自行把握。你若盛开，清风自来。

改变为什么对有些人来说会很难？因为我们总是企图一下子看清未来、一下子一步登天，总以为世上会有捷径。

为什么从我们的故事看起来，改变并不会太难？

因为我内心有一把忽明忽暗的尺子，我对自己有期待，我愿意在每个阶段通过一点点的努力，把自己安排妥当：每一天，我都朝着想要的样子靠近，每一天都为未来想过上的人生做点什么！

20 ~ 30 岁这十年里，每一步我都走得很努力、很踏实，在 31 岁的这一年，每个月都像活成了一年，在人生赛道上加足马力、弯道超车。

通过持之以恒的努力和积累，在 31 岁这一年，我拥有了以下三个角色，并且做到了我所能达到的最大平衡：

- 工作上，我是一名运营总监；

- 生活当中，我是一个四岁宝宝的妈妈；
- 业余时间里，我是月入六位数的斜杠青年。

小互动：欢迎关注我的公众号，到我的后台留言你的读后感。

1. 如果你还是一名学生，请试着写下四个你的大学目标。
2. 衡量一份工作的五个标准，你的工作有多少项是符合的？你会怎么做？
3. 试试看画一个人生饼图！

答：

# 第2章

# 我的打卡式人生：寻找多张人生的多米诺骨牌

## 1. 真正改变你的事情，生活从不提前告知

### -Story1-

妮妮是我的个人形象管理私人顾问，她绝对是我这些年来认识的女孩当中最漂亮的一个，“明明可以拼颜值，却还是那么努力”，用在她身上最适合不过了。

2015年9月的一天，我所在的公益阅读组织“趁早总舵”发来消息，要在全国招募一个最美跑者，免费送她去美国跑马拉松。看到“最美”，理所当然就是妮妮了。但说实话，当时妮妮并没有多大的决心一定能拿到这个名额。

可是在整个过程中，从妮妮身上，处处看到的是行动的力量。

妮妮先是像个地推人员般与小伙伴们转战深圳各个地方，带着一些小礼物，一个一个向路人介绍、请路人帮忙扫码转发朋友圈进行支持；

与此同时没有丝毫地松懈锻炼，请了私教进行各种训练；

最后是找各种朋友通过社群、交友平台等进行互联网的曝光、宣传。

开始排名一直在前三之外，截止到最后一天，名次一直是在1和2之间徘徊，终于在最后一刻，拿到了第一。

主办方宣布名次的时候，反复、重复说道被妮妮的多方面努力所感动。

获得名额后，一个多月的时间里，各种艰苦卓绝的训练，由一个平

常跑步从不超过 5 公里的跑步小白，完成了人生当中的第一个全程马拉松，她说最后的那段路，是哭着走完的。

在微信群里看到妮妮发的这条消息时，我的眼泪一颗一颗掉了下来。完全被一个人的努力感动，原来是这样一种体会。

后来偷偷问妮妮，是什么支持着她走到了最后，她说："除了背后团队的支持和期盼，更重要的是看似不重要的一步一步的行动，让我走到了最后。而在此之前，从来没有想过自己能做到。"

人生何尝不像是跑马拉松，整个过程的完成，便是由每一个小小却越来越沉重但获得最后胜利的步伐组成。

这所有的环节，只要哪一步稍微松懈一下，便很可能会成为无疾而终的一件憾事。

看完妮妮的故事，千万别误会，我不是要你学她的美（要是能学会，我才不告诉你们），而是希望大家能够相信行动的力量。

## -Story2-

如果你需要在短时间内通过自己的学习达到某个目标，在这种状态下，最容易修炼自学能力。

L 的自学能力便是在大学的时候，为了获得一个好的成绩得到奖学金而无形当中练成的。

先说说她当时的状态：经常逃课去做兼职或者谈恋爱，即使是在上课，也经常打瞌睡或者看小说。但是 L 的目标很明确："我要每年都拿奖学金！"

为了达成这个目标，在每次考试前两个星期，除了吃饭、洗漱、睡觉，L 其他时间都"泡"在图书馆疯狂复习。

然后，大学四年，L 每年都获得两个校级奖学金。

现在回想起来，L 的自学能力便是在那段时间练就的。

得益于自学能力，L 在职场居然也一路顺风顺水。

工作后的第一家公司，当时需要考试拿证，那一次考证，L 在所有新老员工当中，获得了第一名的成绩。要知道这里面有些老员工接触当时的业务知识已经长达 3 年的时间，而 L 当时还没有过试用期。

L 后来的发展也很顺利，入职当年获得了“最佳员工”称号。除了与当时的考试成绩有很大的关系之外，自学的能力让 L 在接触任何新的知识时，比大部分人都学得更快、更全。

很快 L 就在所有职场新人中脱颖而出，后来升职、加薪、跳槽，刚毕业没两年，拿的月薪已几乎是同龄人的年薪。

自学能力并不是指世俗眼中的考试学霸，更多的是指拥有在一定时间内主动、快速、全面掌握知识并能进行灵活运用的能力。

我想，每个人的身边都不缺乏这样的故事，这些故事都有一个共同点：一开始并没有意识到这些小小的努力究竟能带来什么，也并不知道这看似不起眼的每一步，最终能带来多大的收益。但是开始了、行动了、坚持了。

所以，别再懒了、拖延了，先给自己一个开始，如果你真正努力地行动，全世界都会为你让路。

## 2. 推动我前进的第一张多米诺骨牌

2015 年年初，正当我下定决心选择待在 S 外企利用空闲时间精进自己之时，我看到了我的榜样——潇洒姐的文章《写在 30 岁到来这一天》，看完热泪盈眶、鸡血充盈！马上搜索找到了深圳当地的组织：深圳趁早读书会，并申请加入了会员群。

我兴奋极了，无论是线上、线下活动都积极参与。印象最深的是有一次还鼓起勇气报名参加了线下理财专场的分享一员，请注意是一员而非嘉宾，那个时候并没有什么人认识我，也没有什么线下分享的经验，分享的主题是："在购买房子进行固定资产理财时的注意事项"。

分享的当时好紧张，结束后居然有很强的兴奋感，仿佛找到了自己万分喜爱的事，内心充满力量。

也许在懂事时，我内心就时常涌现出一些模糊的想法。只是努力不够、历练太少，所以毫无沉淀，很多东西只是散落的点无法变成真实的面。也可能是因为一直在做各种各样的尝试，我内心的声音越来越清晰：我不想过一眼就能望到头的人生。

那个时候虽然内心为自己做了一个计划：利用上班之余学习、精进自己。真实的情况却是内心充满了迷茫：为什么要学习？如何学习？学习了之后有什么用？需要努力多久才能有真正的进步？

后来我看到了一本书《异类》，作家格拉德威尔在此书中说道："人们眼中的天才之所以卓越非凡，并非天资超人一等，而是付出了持续不断的努力。1 万小时的锤炼是任何人从平凡变成超凡的必要条件。"

英国神经学家Daniel Levitin认为，人类脑部确实需要这么长的时间，去理解和吸收一种知识或者技能，然后才能达到大师级水平。顶尖的运动员、音乐家、棋手，需要花1万小时，才能让一项技艺至臻完美。

那么问题来了，如何才能找到值得我们坚持1万小时的知识或者技能？1万小时太久，在开始1万小时之前，我们有什么办法，通过短时间的实践去辨别自身的喜好？

在没有想明白这些问题之前，我没有选择停下来，而是继续保持相对高强度的学习节奏，最高纪录一天可以阅读、吸收两本书。

有一天在微信群里，趁早读书当时任职的会长"一抹月光"转发了一篇文章，并附带了一句话：大家看看文章里的打卡计划如何，我们要不要也一起玩一玩，举手参加的文字瞬间刷屏，当中也有我。

到了真正参加的时候，才不过30多人，和刷屏人数有非常大的差距。做语言的巨人总是很容易，现实当中大部分人却只是行动的矮子，我选择成为少数派。

前三期参加打卡的人数一直很少，群里也缺乏打卡的氛围，很多人都有一天没一天地打着卡。我也不知道哪里来的死磕精神：认真思考打卡项目，坚持每天打卡至21天结束，打卡结束后进行复盘。

后来深圳趁早的核心成员吉吉主动请缨成为打卡的主理人，加入了很多社群运营的元素：

- 非常严格的群规：打卡项目必须可衡量、不得超时，严于律己；
- 奖惩分明：设有全勤奖、分享奖等有意思的奖项，超过两天不打卡淘汰，调动了更多人的积极性；
- 执勤人：有专人专职统计每个人的打卡情况，让努力被自己和他人看见；

● ……

没有想到，那个看似不经意的举动，我坚持了 700 多天，持续参加了 25 期（每期 21 天）的打卡社群，通过不同维度的尝试，慢慢找到了自己的方向。

## 3. 200 多天的学习：我找到了自己的终身学习方向

对我来说，21 天效应可以划分成三个阶段：

- **1 ～ 7 天：**这个阶段的特征是“刻意、不自然”。

你需要十分刻意地提醒自己去改变，会觉得有些不自然、不舒服，应该认真参照书中的理论方法去做，克服这些情况。

- **8 ～ 14 天：**这个阶段的特征是“刻意、自然”。

你已经觉得比较自然、比较舒服了，但是一不留意，你还会恢复到以前，因此，你还需要刻意地提醒自己改变。

- **15 ～ 21 天：**这个阶段的特征是“不刻意、自然”，其实这就是习惯，这一阶段被称为“习惯性的稳定期”。

一旦跨入这个阶段，你就已经完成了自我改造，这个习惯已成为你生命中的一个有机的组成部分，它会自然而然地不停为你“效劳”。

然而，21 天真的有那么神奇吗？当然不是！21 天的意义，更多是在于帮你发现一个喜好、建立一个习惯、确定一个方向，就像一个工具或者模型一样，它只能起到协助作用，关键还是看你自己。

经过 10 期 21 天打卡，我逐渐明确了自己的终身学习方向。

**主题学习：**前前后后，我尝试了近 20 个学习主题，每一轮我都认真对待、仔细总结。结合自己的兴趣、专长、当下人生角色的需求，慢慢地，确定自己的学习主题为时间管理和育儿方向，无论是写作还是分享，都会以这两个主题为主进行展开。

**运营知识学习：**主要是通过【在行】平台、企业分享、个人品牌打造进行持续性实践的同时，不断完善与更新原有的知识体系。

以上两项为 1 万小时定律持续学习内容，每天都会进行学习和实践。

## 4. 700 多天的坚持：一个人的孤单，一群人的成长

通过 10 期的打卡确定了终身学习方向后，我又连续参加了 15 期打卡。虽然方向已经明确，但是中间还是有很多的迷茫、自我怀疑。每一次觉得无法坚持时，我都会把往期的打卡内容和总结拿出来看，内心一次次地坚定自己的想法。

在我看来，任何事情，在阶段性的时间里，社群的力量很重要，但从长久来看，我们还是要回归自己的本心，真正的学习是一个人的孤单，再带动一群人的成长。

如何才能日复一日地坚持，700 多天的坚持，让我有了以下感悟：

### （1）坚持：一个人的孤单 or 一群人的狂欢

**我的选择是：**加入一个打卡社群，但保持自己的清醒。人毕竟是社会性群居动物，从某种程度来说，社会性比自我更具有约束力。面向一群同频的人，公开自己的承诺，有严厉的奖惩，互相监督与鼓励，更容易长久地坚持。

那么，有什么样的社群值得我们加入？

- 古典老师的每日三件事；
- 朝夕日历的早起打卡；
- 一些创意打卡社群；
- ……

互联网时代有非常多的选择，优点是试错成本非常低，缺点是由于试错成本太低，容易放弃坚持而无明显的进步。所以在选择时，最优选择是加入一些有规则、有奖惩的社群。

**保持自己的清醒：**看清自己的现状，从不为自己找理由，打卡的每一天都有专注的时间完成自我的坚持。

**尝试不同类型的打卡项目：**把自己变成有趣的人。

25 期打卡，尝试了多种不同的形式与主题：

- 21 天完成 21 条微梦想清单，36 条微梦想完成了 28 条，有了人生中很多的第一次尝试的同时，还给一起精进的社群小伙伴带来很多灵感；
- 【晨间学习】，养成早起的习惯，完成了大量时间管理、育儿、运营知识的学习；

- 完整学习了一遍项目管理相关课程，并且很好地与工作实践结合，完善在工作中遇到的项目管理疑难杂症；
- 内观自己：21 天内观文与每日冥想；
- 坚持运动：徒步、快走、跑步，以平均 6 分钟 / 公里的配速，拿到人生中第一个半程马拉松奖牌。

还有心理学主题、写作主题打卡、尝试以语音分享的形式进行打卡、约见趣人项目……

打卡项目有趣而多变，让自己有了勇气去做更多的尝试，让自己有脑洞获得更多奇妙的想法，让自己的人生有了更多的可能，让生命永远充满趣味。有张有弛才有更多坚持下去的力量。

**（2）时间管理：提高时间的有效利用率——打卡大大提升了我的时间管理能力**

- **提早计划的习惯：**前一天晚上计划好第二天一天的时间行程，准备好打卡内容，养成尽早完成打卡任务的习惯；
- **早起的习惯：**从一开始每天早上 8 点起床，到现在每天 5 点半起床，每个早晨都是无比高效的自我精进时光；
- **碎片化利用时间：**拆分打卡项目，利用碎片化时间完成打卡；
- **巧用工具的能力：**无论是利用 APP 音频完成打卡项目，还是利用有道云记录笔记，要做到多个工具间随时进行切换；
- **思维能力提升：**建立了时间管理表，有了更多独立思考的意识，记笔记时的思考维度也得到了提升；
- **建立打卡体系：**专注而享受，由一开始自由定打卡项目进行学习，到现在形成一套打卡体系，整个过程由迷茫未知变得渐渐清晰。

这里举某期的打卡为一个例子：

- **确定打卡主题：**四个原则确定打卡项目：感兴趣的、急需改善的、需深入的、想尝试的。

| 四个原则 | 原则阐释 |
| --- | --- |
| 兴趣原则 | 一切你感兴趣的项目，比如画画、摄影 |
| 试错原则 | 一切你不确定自己是否合适但又想试一试的项目 |
| 优化原则 | 意识到重要性，但是做得不太好的项目，比如情绪管理 |
| 升级原则 | 做得还算不错，但是还有进步空间的项目 |

以定位时间管理主题为例，不断打磨、优化自己的时间管理系统，成为时间管理的最佳实践者和分享者；

- **围绕主题确定打卡三个项目：**时间管理小技巧语音分享、时间管理问题收集问答、时间管理主题学习；

- **列好整体框架：**

建立小技巧和问题库，分别填入 21 条，当然，这 21 条只是备份，随时可以根据打卡进程进行调整；

确定时间管理主题学习内容：确定 3 本书籍、找出知乎精华帖、下载时间管理课程、定下时间管理主题系列写作目标；

看到有道云笔记中的规划，心里非常踏实，剩下的，就是专注而享受地进行打卡。

#### （3）形成个人风格：找到学习曲线稳定区间

心理学家米哈里·齐克森米哈里（Mihaly Csikszentmihalyi）将心流（flow）定义为一种将个人精神力完全投注在某种活动上的感觉，心流产生时同时会有高度的兴奋（感）及充实感。

学习也是有曲线的，热身阶段—进入状态阶段—稳定学习阶段—疲惫阶段，人生过程中吸收知识也是分阶段的，当你从“进入状态”到“稳定学习阶段”时，就容易出现心流体验。

通过多轮的21天打卡进行不断地探索，找到自己的学习方向，让自己进入稳定学习阶段，也渐渐形成个人的学习风格：定主题、形式多样化、多渠道学习、记笔记、做总结、勤思考、通过写作的方式进行分享。

我们都会拖延、迷茫、未知、不自信，根据1万小时定律，建立一个习惯最好的时间一个是十年前，一个是现在，不要让未来的你后悔现在的自己，坚持一个又一个21天，你就会看到更棒的自己。

## 5. 我的打卡式人生：精进，成为生活的常态

很多人好奇，我总是那么努力，不累吗？

我反而会觉得，总是在刷朋友圈、无聊、情绪化更累。对我来说，一天不努力的难受感比完全不做任何事的状态要差很多，我只是把精进活成了生活的常态。

举两个例子，一个是我如何日复一日地进行精进，另一个是在非常态时间里，如何活成精进的状态。

例子 1　如何日复一日实现每日的精进

经常有朋友和我说："一天都不知道做了些什么，就结束了。"

说实话，我们的年度计划再宏伟、月度计划再详细，如果每天不脚踏实地地精进、努力，最终只会是一场空。

这里推荐让我每天都收获满满的三个方法。

### （1）大小青蛙组合

学过时间管理的人都知道"吃青蛙"理论，把每天的任务当成一只只青蛙，如果是复杂而又大的任务，俗称"又丑又大的青蛙"，就是当天重点要处理完成的任务，需要设立最高优先级，其他的都是小青蛙任务。

在我看来，小青蛙的作用更多是为了利用好碎片化时间让自己充满"成就感"，信心满满地完成难啃的"大青蛙"。

那么我是如何做的？拿某一天作为例子，当天的计划是：

- 写一篇 2 000 字的育儿文章：1 ～ 2 个小时；
- 听一集《开讲啦》：45 分钟；
- 听《十点读书会》文章：15 分钟；
- 录一个音频：5 分钟；
- 公众号发文、回消息：20 分钟；
- 看一集 TED 视频：18 分钟；
- 听樊登书评《我发誓再也不拖延了》，36 分钟；
- 看电影《杀手没有假期》：30 分钟；
- 阅读：100 分钟。

① 找出所有的青蛙：正常情况下，我每天会有 6 ～ 8 只青蛙任务需要完成，每天早上或者提前一天，先列出所有的青蛙任务，完成后打钩；

② 准备任务资料：提前准备好所有的任务资料；

③ 青蛙分类：这些青蛙任务，一般情况下是 1 ～ 3 只大青蛙，3 ～ 5 只小青蛙；

（分类标准：需要 1 个小时以上完成的任务，归类到大青蛙；小青蛙任务为几分钟到 1 个小时之内可以完成的任务；如果大青蛙没有办法在一大块时间内完成，会考虑拆分成小青蛙；）

④ 完成顺序：一般情况下是在早上先完成 1 ～ 3 个小青蛙，再开始大青蛙，最后以完成剩余的小青蛙任务作为一天的收尾。

当天计划是如何完成的？

完成思路：从以上计划可以看出，我有两个大青蛙需要完成，写一篇 2 000 字的育儿文章和阅读 100 分钟。衡量了自己的实际时间情况，我把阅读 100 分钟拆分成了 4 个小青蛙。

如何安排？

① 早上 6 点左右起床后：先完成 5 分钟音频录制、上传；

② 洗漱完毕后：翻开灵感收集库，从中挑选一个主题，开始 2 000 字写育儿文章；

③ 出门上班前：公众号发文、回消息；

④ 上班路上：刚好 1 个小时左右，完成《开讲啦》和《十点读书会》的文章；提前把这两个音频按照顺序排列、准备好，播完一个音频后会自动过渡到下一个音频；

⑤ 到达公司后：看一集 TED 视频；我的 TED 视频资料库是在平时收集的，每次看到朋友圈有人分享 TED 视频，马上进行收藏；

⑥ 中午休息时间：吃饭 15 分钟 + 看电影 30 分钟 + 阅读 25 分钟 + 休息 30 分钟。（自从用微信读书 APP 后，每天都能保证 100 分钟以上的阅读量）；

⑦ 下班时间：听樊登书评 + 阅读 25 分钟（当天刚好有座位）；

⑧ 晚上时间：儿子看巧虎视频时，阅读 25 分钟；儿子一般 9:30 休息，休息后，继续阅读 25 分钟；

⑨ 22:30 左右：上床睡觉。因为一整天的安排比较满，并且比较早起床，到了 22:30，基本上倒头就睡。

### （2）把每天时间往前提

我们是因为早起了才能早睡，还是因为早睡了才能早起？

其实没有标准答案，最正确的办法是试了才知道，而我试过后得到的答案是：

- 早起了才能早睡；
- 早睡能改变整个人的状态；
- 我居然治愈了我的失眠症。

### 为什么要早睡早起？

如果说我们想每天在比较轻松的状态下完成所有的计划，早睡早起是最好的办法。

当你早起，基本上在 9:30 之前，可以把当天的计划完成 50% ～ 70%，整个人的状态是轻松且有成就感的。

如果把很多的计划放在晚上，会有两点情况发生：①有可能会因为突发状况导致时间不可控；②整个人的压力会很大，导致效率变低。

人的状态很多时候是自救式的，不可否认的是，如果把基调打好了，整个框架会又牢又稳。

### （3）PlanA.B

我们为什么需要 PlanB？

以写作为例，我们并不是每天都能保证有写作的灵感，如果今天的状态确实不适合写作，怎么办？这里有两个方向的建议：

- 直接换项目：如把写作换成听一节课；
- 直接换写作内容：如把写育儿的文章换成写时间管理的文章。

我们需要搞清楚一个思想上的误区：以精力管理为例子，并不是不累了才开始运动健身，而是通过健身运动让自己更有精神。

我们需要知道，前行精进路上必定会度过一段时间的调整期、适应期，甚至是混乱期。但你要相信你的大脑，你给它喂养的是什么，最终它接收到的就会是什么。

这里有五个要点归纳：

- 每天提前做好 To Do List、分好类并列入笔记本当中；做计划也是要时间的，千万别只是花了时间做计划，最后却什么都没有做；长期这样，浪费的不止是时间，还有你的信心！
- 超额准备好每天的学习资料，比如今天的学习时间是 1 个小时，那么你需要准备 1 个小时以上的学习资料；
- 把每天的时间往前提，比别人拥有更多“大块”、不受干扰的时间，这是最为重要的黄金精进时间；
- 先吃掉几只小青蛙，完成打钩，让自我成就感爆棚；
- PlanA.B，我们想做的事通常有很多，如果当下没有状态完成一个任务，何不换一个？

时间虽然是公平的，却能越用越多。每天几个小时也好，30 分钟也罢，最重要的是你已经开始这么做了。

例子 2 非常态的时间里，如何活成精进的状态

我们都知道，如果人生按照自己的想法按部就班地往下走，想要做成一件事并不会太难。但现实是，我们总会遇到一些突发的状况。

给大家分享如何在非常态的时间里，依然活成精进的状态。

有一次老家临时有事，我必须得回去。

可在此之前临时接到通知，周五需要出差广州做一场职业相关的分享。

安排好一切工作，算好每一个时间节点，我踩着点出门、演讲、返程，时间安排紧凑到随便哪个环节出点问题，就会影响接下来的行程。

幸好，一切顺利。

因为这次回老家有事，我没有给自己安排特定的学习计划，而是根据自己时间的机动性，随意从资料库调出学习资料进行学习。

在回家路途中，我抱着宝宝完成了 3 个音频的学习，分别与情绪管理、高效演讲、深入学习相关。因为没有办法随时做大段的记录，我采用的是暂停学习法：

即听到关键内容时，按下音频暂停键，与旧有的知识产生链接，进行思考。

这样的好处是，即使当下没有办法记录笔记，由于听的过程有过较为深入的思考，印象会相对较深。

遇到下一个观点时，再次暂停，这次暂停除了思考新的观点，还会把前面的观点再次在头脑中复习一遍，加深印象。

一般一个音频重要的观点只有三个，太多的话，会丢弃掉一些，记住三个知识点总比企图记住过多而什么也记不住好。

回到老家已经是凌晨两点，果断先把手机调成飞行模式。这个时候如果把控不住进行刷屏，只会精神亢奋。我非常清晰地知道自己这个时候脆弱的把控力，所以直接就从源头掐断。

随后拿起从深圳出发时装在包里的一本书《30 岁前别结婚》开始看起来，困意来袭，放下书就沉沉睡去。

（每个周末的早晨，叫醒我的从来都不是什么梦想或者生物钟，而是我儿子。）

周六一大早，挣扎着起来，我开始了全新的一天。

带娃的空隙与助手沟通打卡群、特训营的各种细节，等刘先生起床后，让他带着儿子去亲戚家走街串巷。我开始一边复听一些课程，一边处理了 100 多个报名特训营的报名确认，余下来的时间，接着阅读《30 岁前别结婚》。

中午一边听课一边哄儿子午睡，他睡着后，我没有继续休息。起床后微信联系之前约好在周六进行一对一约聊的小伙伴，确定了时间，马上进入约聊状态。

一个多小时的时间聊完回来后不到 5 分钟，儿子和刘先生午觉醒来。和儿子聊了几句后，偷偷对刘先生说我刚刚完成了一个约聊。

刘先生说了一句话：你拼疯了吧！

然而，这还不够，因为当天晚上还有我职场特训营第二期开营大典 + 第一次大课 + 问答……

微信上时常收到的一类问题是：请问你是如何安排自己的娱乐时间的？

我非常认真地对自己过往的生活进行了总结，答案是：我并没有多少娱乐时间。

周末的时间几乎都是陪伴家人后所剩无几的空隙时间，这些时间我都用在看书、写文章、优化课程、与人交流、见面等上面事情上。

要说累吗，当然。但这是我内心的真实需求，且已经成为我生命的一部分，一天不读书、不进步，我就不舒服。不单我，我的特训营、打卡群里的大多数人，都是如此。

时间是最不公平却又是最为公平的一种存在。公平是因为对每个人来说，数量都是一样的；不公平是因为对每个人来说，质量都是不一样的。

因为意识到数量是不可变，但是质量是可控的，我开始万分珍惜自己的时间，我的每一天，都要有迹可循：

- 放弃做一些长时间看来并无多大价值的事情；
- 每天我都能清楚地知道，自己做了哪些事情；
- 不拿自己的懒惰做借口，想到什么先做什么；
- 不以自己的身份当理由，比如当妈妈后不该成为放弃自我提升的理由；
- 如果钱可以省一些时间，我愿意计算成本后，以钱换取时间；
- 我不会过分把时间花在想一件事是否可行上，想的时间拿来行动的话，可能已经有些进展；
- 忙是治疗神经病的一切良药，保持情绪的稳定，让自己拥有更好的状态面对每一天。

当精进成为生活的常态时，努力的当下其实是享受的。在未来享受自己努力的成果时，你收获的速度，连自己也会感到惊讶。

我们时常会觉得，在做一件事之前，想得清清楚楚后再开始，是对这件事最大的负责任。说得好听一点，我们都是完美主义者，所以总想要有万全的准备。

参加打卡社群，是我做得没有任何准备就全身心投入，并且在坚持了一段时间后得到最大收获的一个行动。所以，我觉得打卡式人生，是我寻找到多张人生多米诺骨牌非常重要的存在。在未来的时间里，我依然会一直坚持打卡，并期待遇到更多不同维度的多米诺骨牌。

## 6. 十个简单好用的方法，迅速提升你的行动力

“你必须非常努力，才能看起来毫不费力！”曾一时风靡网络的金句，读起来朗朗上口、激励人心。

我们头脑中对成功的定义，往往和毅力、坚持、意志力等词汇相关，我身边每一个在自己的领域相对成功的人，都被奉为“鸡血本身”。

然而，今天，我却想说，其实拥有无与伦比的人生，并没有你想象中那么难。学会这十个微方法，可以让你的人生如同开挂。

### （1）微思考

人和人之间最大的差距是想法的差距。那些头脑灵活、脑洞大开的人，总是能让人生有趣、有料、有意义十倍。

微思考可以是读一本书时，比往常多一个维度进行理解和吸收；可以是主动为乏味单调的人生，多想一种可能性；可以是面对挑战时，问自己甚至向专家寻求帮助，我一定还可以找到更好的办法！可以是阅读小说时，偷偷为书中人物的想法暗暗叫好之余，记录下原来还可以这样想！

### （2）微行动

完美主义并没有什么不好，但是你用错了阶段。你都还没有开始行动，谈什么完美主义，顶多是理想主义，好吗！

微行动是什么意思，理想可以很丰满，但行动越骨感越好：

想看完一本书，从翻开书每天至少阅读 5 页开始；

想减肥，从每天下班提早一站下车走回去开始；

想买房子，从每个月强制存一笔钱开始。

做任何一件事，让起步的门槛越低越好，最完美的完美主义是开始行动起来后，死磕每一个细节做到最好。

### （3）微习惯

精力管理好难啊，又要跑步、又要早睡早起，还要注重饮食。而我，却是从一杯简简单单的蜂蜜柠檬水做起的。

因为常年要讲课，我的喉咙常常不舒服，每次喝下一大杯蜂蜜柠檬水，整个身体都会被唤醒，喉咙也能保持被滋养的状态。

这个习惯我坚持了好几年，此外，常喝蜂蜜柠檬水还可以让皮肤变得更好、更显年轻！

最近新养成的微习惯是每天吃完饭后贴墙站。一开始很不习惯，后来开始一边看电影一边贴墙站，这个微习惯得到了很好地坚持。很多的习惯很小，却有很大的作用。

### （4）微链接

所谓的微链接，是指为自己做的事，建立从细微处形成链接的意识：

- 一开始阅读，就建立分门别类的资料库；
- 一开始打造个人品牌，就让平台之间形成生态圈；
- 你喜欢的榜样，通过多种方式产生链接，比如留言文章、参加课程、主动“勾搭”等方式。

### （5）微目标

与微梦想的最大区别是，微目标的关注焦点是把我们所要做的目标，拆解成最小可执行和可衡量目标。

比如阅读一本书，拆成章节阅读 + 小结 + 整本书总结。

根据自己的能力，把所有要做的事拆分成最小目标，如果拆分后的事还是无从下手，就再拆分，直到目标小到不能再小为止。

### （6）微笔记

好记性不如烂笔头，我是这句话的忠实拥护者。

移动学习时代，学习的场景变得无处不在，比起学习的数量，我更加看重学习的质量。拥有微笔记的意识和能力变得至关重要，记录微笔记需要注意三个要点：

- 关键词记录法：记下核心的关键信息；
- 固定记录载体：我用的是 iphone 自带的备忘录；
- 尽快整理入库：每天都对备忘录里的知识进行整理入库。

### （7）微放松

越是忙碌时，越需要放松，如何聪明地进行微放松？

- 买一个大水杯，摆放在工作时最明显的位置，喝水的同时站起来走动走动。曾经听过这样的建议，买一个小水杯，才能因为想要喝水增加走去装水的次数，相信我，你可能连喝水也不想了。
- 如果你无意中看到电脑或者手机上的时间，每逢出现有你最喜欢的一个数字，比如说 5 时，就站起来活动一下身体。一开始可能需要刻意去做，做多了就成了条件反射了。
- 除了身体上的放松，心灵也需要时时微放松：听音乐、看 TED 视频、刷朋友圈中特别关注的几个榜样的近况、重读自己喜欢的书籍、与喜欢的人聊天……给自己建立一份放松心情的积极清单，不知道该怎么办时，从清单上选一个来做就好。

### （8）微总结

大部分的人对自己的人生是没有感觉的：

- 不知道自己为什么能做好一件事；
- 不知道自己犯了什么错误；
- 不知道自己要什么；
- 不知道自己为什么做现在所做的事情；
- 读过的书完全不记得内容；
- 听过的课只记得老师长什么样子。

微总结的意思是养成时刻总结的习惯，比如看完一篇文章，最核心的要点是什么？再比如今天最大的感受是什么？自己最想要的东西是什么？养成习惯后，你会活得越来越明白。

我们常说：用输出倒逼输入，那么就用微总结倒逼你的人生轨迹吧。

### （9）微成就

从一个内向的姑娘，活成“蜜汁自信”的斜杠青年，每天定时给自己喂养微成就，起到了极大的作用。

微成就的意识是，对任何小小的成就保持极度的敏感，随时随地自我打气。这样做还有一个好处，你会成为一个只能看到对方优点的人，所谓的积极正向。

### （10）微梦想

梦想清单盛行的这些年，我也坚持写了好几年。2015 年，在复盘自己的梦想清单时倍感受挫，清单上好几条大的梦想都没有实现。灵机一动，我是否可以改良下梦想清单，变成微梦想清单呢？

经调整后，那个月我写下了 35 条五花八门的微梦想，最终实现了

28条。内容涉及亲子旅游、和刘先生去看一部电影等小而美好的梦想。

后来，我将这个方法分享给了很多人，大家都受益良多。看着自己的微梦想被一个个实现的感觉，就是爽（下一章，将会进行更加详细地展开）。

上面的十个方法，让我成为一个敢试、行动力强、活得明白、有目标、有梦想的人，你也可以，只要你从以上十条随便挑两条开始践行起来。

小互动：欢迎关注我的公众号，到我的后台留言你的读后感。

1. 你试过打卡式学习精进吗？坚持了多长时间，为什么坚持不下去？
2. 本章节，有哪三个方法，你会马上用起来？

答：

# 第3章

# 【方向】：从微梦想清单开始，找到你管理人生的阶段方向

## 1. 对不起，你的人生处于未激活状态

通常情况下，我们出发去旅游、放松，总是会认为与学习无关，其实并不是。这里分享我和刘先生去香港旅行整个过程，在旅途过程中学习也可以很轻松完成。临出发的前一天晚上，两个人大致规划了路线后，我就为我的香港之旅做了一个学习计划：

- 系统学习一个收费课程，预计时间 180 分钟；
- 看两部电影，预计时间近 250 分钟。

为了完成这个学习计划，我做了以下准备：

- 把收费课程的文字、音频、图片全部下载到手机里；
- 下了三部电影到手机。

### （1）完成情况

- 学习完毕收费课程，并做了简单的摘抄；使用时间 200 分钟；
- 看完 1.5 部电影；使用时间 200 分钟；
- 回答了 20 多条【分答】；时间为 30 ～ 40 分钟，全部利用的碎片化时间。

### （2）我是如何完成的

- 在 uber 车上，刘先生和司机聊天，我在听课程；
- 过关的时候，和刘先生聊了会儿天，开始各自听课程；
- 【分答】是这样回答完的：在去香港过关排队时回答了一部分，在香港享受完午餐后，休息的间隙回答了一部分；

- 在香港吃了个下午茶，聊了会儿天后，刘先生眯了一会儿，我开始看电影，后来回深圳的地铁上，运气很不错，一直有座位，看完了剩余的 1.5 部电影。

（3）这样会不会很累

- 因为所有的资料是提前准备的，而且这个课程是我一直想要学习的内容，不但不累，还充满兴奋感，简直感受不到整个过程中其他人的干扰，吸收很快；
- 在香港回答【分答】时，感觉更好玩，我试鞋确定要买后，刘先生去付款，我就在购物中心开始找 Wi-Fi 信号，一边回答，一边等刘先生，新鲜而又有趣；
- 看电影的时间主要是在下午茶时，在香港一间近百年的冰室里，聊会儿天后开始看电影，邻桌坐着一个也在用手机看电影的小男生，仿佛找到了同类。

我把学习当成生活的一部分，为学习创造新鲜的玩法而不是充满着无趣味，整个人生的状态被无限激活。

（4）如果人生未被激活，可能会有的表现

- “这个我没有试过，还是算了吧！”
- “我还没有准备好，过段时间再看看吧！”
- “这个问题我不会，就这样吧！”
- “你问我今天收获了什么？没有什么特别的，就是上班、吃饭、睡觉咯！”
- “整天学习好累哦，我还是刷一刷朋友圈吧！”
- ……

（5）如果人生被激活，可能会有的表现

- “我先试试吧，总有办法可以解决的！”
- “我们不讨论问题本身有多难，我们只讨论详细具体的解决办法！”
- “犹豫无法做出选择时，那就选择那条最难的路试试！”
- “我都忙得没有时间神经病了！”
- “学习、进步才是我生活的常态呢，不学才感觉难受！”
- ……

## 2. 假如我们活到 75 岁，人生其实只有 900 格

Quora 网站上做过这样一个设计：人生其实只能画成 900 个格子。画完后，根据每个人自己的年龄用笔涂掉过完的，这种画面体现的直观感比任何文字都更抓人心。

这个设计里，在一张 A4 纸上画上一个 30×30 的表格，每过一个月就涂掉一格，每经历一件事情也用颜色在表格里体现，75 年 900 个格子。也许你从没有想过，被量化后的人生原来只有 900 个小格子，如此短暂的人生如何填补才能显得更有意义些？（扫描以下二维码后，回复：900 宫格，获得电子版《人生 900 宫格》模板）

比如说你刚有了孩子，你能和他朝夕相处的日子（在上幼儿园之前）只有 36 个格子，也就是短短 3 年的时间。

再比如说：如果你成年后和你的父母一年见一次面，也许只能填满一个格子，也就是 30 天。

去试着画一张你人生的 A4 纸吧，你正处于哪个阶段？梦想实现了多少？想要做的事情完成了多少？同时，看看还剩下多少空白格？那些想做却未做的事情，趁一切都还来得及，让它出现在你的格子里吧！

2015 年，我第一次看到人生 900 格的图时，正处在研究和践行时间管理如火如荼时期，原本就非常爱惜时间的我，还是被这张图所传达的直观概念震撼到了。

人生 900 格，表面上看起来是想让我们知道时间流逝飞快，但我认为更为重大的意义是，当时间流逝时，值得你填写在表格里的事是什么？未来，只要轻轻拿出这张表格，你就能清晰地知道自己的人生发展轨迹。

后来，我去文具店买来了质感很好的纸，认真地画上 900 个格子。那一年，我 29 岁，过着平凡的日子，仿佛有自己的梦想，但很不清晰。

900 个格子画好，我问了自己 6 个问题：

① 已经过去的 29×12=348 个格子，结合从 2012 年开始记录的大件事清单，能填入表格的记录有哪些？

② 在还没有记录大事件清单之前，我能想起来的人生大事件有哪些，大概是在哪一年？

③ 我还有多少个空白格子？

④ 我最想成为什么样的人？

⑤ 如何计划，可以让我的每一个格子都有不同的意义？

⑥ 如何复盘，可以修正自我成长探索之路？

从一开始的纸质格子，到后面用 Excel 表格制定的电子版 900 宫格，我的个人成长路径在一张表格上一览无余。

我们总是过于相信自己的大脑，以为在脑海中思考过的就是已经发生了的，但我更相信可视化的计划：

- 计划时，900 宫格让我对未来的规划越来越有思路；
- 迷茫时，900 宫格让我重温自己一直耕耘和收获的路径；
- 复盘时，900 宫格让我修正自己成长的错误姿势。

当然，900 宫格只是一个工具，想要真正地用好它，填进去的内容才是关键。

## 3. 改变，从一份微梦想清单开始

2015 年 8 月，我参加的打卡群开始报名新一轮的打卡项目。那一轮我迟迟没有想出来要打卡学习什么内容。只是内心一直有个声音：如何过上更有趣的人生！

我一直都有写梦想清单的习惯，那段时间，因为工作和生活对比半年前有很大的改变，我开始从工作、生活、亲密关系等多个维度修改自己的梦想清单。

什么是梦想清单？首次了解到这个相似的概念是在《遗愿清单》这部电影：

老富翁爱德华·科尔（杰克·尼克尔森饰）近年来在公立医院的私有化改造事业中获利颇丰，他为节省成本，规定病房“一房两床”的做法颇受非议，但性格强势的科尔不以为意，岂料他不久被检查出罹患癌症，本欲入住单人病房的科尔在舆论压力下只得与另一位病人——老卡特（摩根·弗里曼饰）同处一室。汽车修理技师老卡特博闻强识，将三个子女培养成才，但代价是牺牲了年轻时要做历史教授的梦想。曾经结婚多次如今却孤身一人的科尔逐渐对卡特产生了兴趣，两位老人在病房中结下了友谊。科尔偶然发现了卡特的“遗愿清单”，他决定运用自己的力量，让那些纸面上的疯狂构想一一实现，去发现人生的真正意义。

梦想清单是遗愿清单的改良，我们每个人都有自己的梦想，有些人选择了忽略，而有些人选择了以清单的形式呈现，我是后者。

如果说梦想清单是长期的，我想要短期的梦想，于是改名叫微梦想清单并在打卡群里报项目：21 天实现 21 个微梦想清单，所有人都充满了好奇。

说实话，那个时候我并没有微梦想清单的完整“玩法”，只是特别喜欢这个词：微小的梦想，以清单的形式写下，慢慢实现。

方法依然是：在没有想清楚之前，先行动起来！先从最简单的 21 天，我想做些什么有趣的事开始列起。一开始列的时候一点灵感都没有，开始回想 20 来岁时有没有什么是自己想做而又没有做的事情，写下了第一条：写一首诗。列完第一条，开始灵感大爆发，一口气写了 35 条。

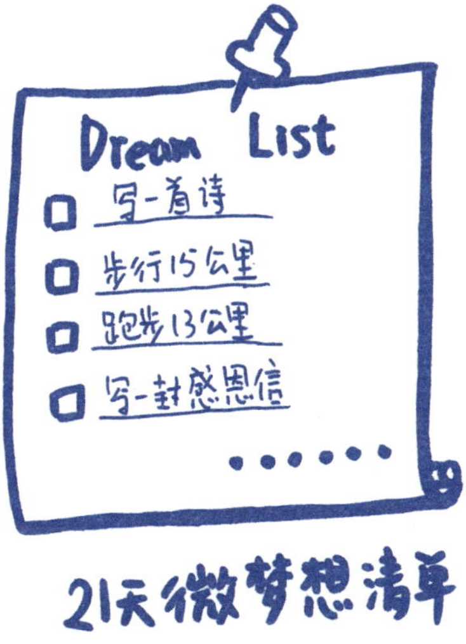

详细完成版的 35 条清单，请扫描以下二维码后回复：清单获得!

这份微梦想清单由一开始几乎没有灵感，到拿起笔和本子写下第一条，前后用了 1 个多小时的时间。

整个 21 天，每天我都兴致勃勃地从微梦想清单里挑出一条来做，整个人的状态相当不错。最后我完成了 28 条，大大超出了自己的计划。

## 4. 如何拥有一份定制版微梦想清单

尝到第一份微梦想清单的力量后，我开始每个月都制订一份梦想清单。这十几份微梦想清单，大大增加了我的人生有趣度，在有趣的过程中变得越来越好。

### （1）什么类型的事情属于微梦想清单事件

① 生活当中的小确幸：

“小确幸”一词的意思是微小而确实的幸福，出自村上春树的随笔，由翻译家林少华直译而进入现代汉语。小确幸的感觉在于小，每一枚小确幸持续的时间为 3 秒至一整天不等。

比如说每天拍一张抬头看天空的照片、喝一杯自制的蜂蜜柠檬水……

这些事情看起来很小，却可以给人足够的力量和温暖。

② 人生的新尝试：

新尝试是指过往人生从未有过的生活方式，比如说我的第一份梦想清单中的第 22 条：做一次 1000 人的线上分享。在我的微梦想清单发出来后，群里一直精进打卡的 M 同学，私信告诉我她有资源可以实现我这个微梦想。后来，这个 93 年的妹子还成为我打造个人品牌的私人助手。

那场近千人的分享，好评如潮，因为没有公众号也没有其他任何的平台，也因为当时知识学习并没有像现在这么流行，所有的人都添加我为好友，那几天，我的微信近乎崩溃。

也就是从这条微梦想开始，我发现自己还有一些分享的天赋，开始走上了个人分享之路。

这属于一种小步试错，当你在做一件事情的时候，如果你做过之后失败了，它正是提醒你，你不懂这方面的知识。最好的办法就是接受这个失败，去补齐它。那如果你不小心做成功了，也就是你找到了自己的一个优势，这样小步快跑是个非常棒的办法。

③ 深入探索一件事：

想要把一件事做深，并没有想象当中那么简单。最好的方法是，在自己原有的基础上结合自己当下的目标，稍微深入地进行尝试，这才符合微梦想清单的概念。

比如说我的第一份梦想清单当中的第 3 条是跑步 13 公里 / 次，那个时候我刚报名了半程马拉松，在那之前我从来没有跑过 13 公里。这样的微梦想清单完成起来既相对可行又有意义。

④ 人生整理：

人生整理可以分为两类：有形和无形。

有形整理的重要维度之一是衣柜整理，比如我第一份微梦想清单当中的第 26 条："彻底整理一次衣柜。"有形整理更多和空间相关，可以直接观察得到。

无形整理是指人生梳理，比如我第一份微梦想清单当中的第 20 条："做一次'勾搭'名人的尝试，并写成文，包括用什么收集资料、渠道、标语，成败分析。"

无形整理看似比有形整理简单，因为无须什么工具和条件，基本是一张纸、一个本子就可以搞定，实则更加困难，你需要清晰意识到有相关的整理需求，并且要善于分析自己，在分析自己的过程中去修正自己的行为方式，让自己靠近理想状态。

无论是哪种类型的整理，最佳方式是采用微梦想清单制定目标后，定时、定量、定主题，减轻心理负担反而能轻装上阵。

⑤ 关系的升华：

这世上最难处理和最容易被忽略的是各种关系，尤其是亲密、亲子关系。

几乎是每个月的微梦想清单都会有亲密、亲子关系的尝试，比如我第一份微梦想清单当中的第7条：“与刘先生在电影院看《碟中谍5》。”第21条：“亲子游一次（老公创业后很忙，变得好难）。”这种类型的微梦想清单，保证了我有足够的时间、精力和心思花在维护关系当中。

⑥ 梦想的拆分：

梦想的拆分是指把3年～5年的大梦想拆成容易执行的微梦想。拖延症迟迟不肯行动起来除了完美主义之外，目标太大也是一个难题，如果把大梦想进行拆分，通过完成一个个小的微梦想再向大梦想靠近，当进度为50%时，你会迫不及待地想要完成你的大梦想。

⑦ 习惯的强化：

习惯的强化是指通过多种有趣的维度对自己想要坚持的习惯进行强化。比如我的第一份微梦想清单当中的第31条：“通过有意识地去识别自己的情绪，慢慢养成调节情绪的习惯。”

### （2）如何合理地制订微梦想清单

① 以每日的时间作为标准：每天大概能抽出来完成微梦想清单的时间，以时间为前提，根据时间的多少来建立适合完成的微梦想清单。

② 以事件作为标准：每天做1个或者1个以上微梦想清单上的事件，也就是说21天需要有21件事。这21件事建议张弛有度，才能让微梦

想清单变得更加有趣。

③ 以主题作为标准：每个月固定一个微梦想清单主题，比如本月主题为写作，通过向人请教、参加课程等多样的形式完成微梦想清单。

### （3）随时为微梦想清单收集灵感

想让你的微梦想清单更加有趣，需要随时为你的微梦想清单收集灵感：

- 阅读文章：看到好的文章时，养成随时记录的习惯。
- 知乎：知乎话题当中，经常有一些很有趣的回答，喜欢的就收入清单库中。
- 电影：看电影是获得他人阶段或者一生完整程度最高的一个行为，如果凑巧碰到一些好的人生活法，为什么不纳入到你的清单中来？
- 书本：很多的旅游书籍、传记都有大量脑洞大开的想法，我们试试也无妨！
- 与人交谈：我有一个“见趣人”项目，即每个月约见一个有趣的人，他人的人生故事，值得你引以为鉴。
- 广告：我有很多的文章主题是在看到一篇广告语后产生的，同样也能成为微梦想清单很棒的收集来源。

### （4）榜样上身法：通过模仿快速成长

我们如何从榜样身上快速定制一份微梦想清单的方法：

① 寻找同类榜样：

同类榜样可以是工作上的同事、生活中的朋友、你的另一半、各种社交媒体上你欣赏的对象。

那些你认为值得被模仿的对象的某些行为、兴趣爱好，比如喜欢阅读的书籍、观看的电影、旅游的地方……通通罗列出来。

② 模仿榜样：

值得注意的是，这种类型的模仿最需要考虑的是物质上的量力而行，精神上的充分实施。

榜样的力量

比如说我所喜欢的潇洒姐，借用这两条衡量标准的概念，可以有以下理解：

- 物质上的量力而行：比如说潇洒姐动不动出席高规格的活动，无论是金钱、时间条件还是人际资源，我都没有办法办到。可是她读过的书、看过的电影、写的文章，我都可以进行模仿。
- 精神上的充分实施：十年如一日地坚持锻炼，每日专注三小时。很多人在看到别人好的时候，不是以欣赏榜样的姿态，更多的是用评头论足、顾此失彼的方式，过分关注现阶段自己暂时无法拥有的物质资源，又下不了决心如对方那般努力。最后以“我不可能变得和她一样好”为由，放弃从前的积累，前功尽弃。

## 5. 梦想清单 VS 微梦想清单：寻找一生的方向

2016 年年中，我做了一场“微梦想清单：寻找一生的方向”活动，报名的人数很快爆棚，每个人都想以更有趣的方式实现自己的目标。

在分享现场，我以时间轴、关注焦点轴、梦想轴的形式，让大部分人恍然大悟：

- 你关注的焦点一直都是错的；
- 你内心的需求与自己的想象有如此大的差距。

在这里分享给所有的读者朋友们，希望对你们也有帮助。

### （1）三年来看

| 关注焦点轴 | 梦想轴 |
| --- | --- |
| 发展方向 | 写下 3 ～ 5 个你最想发展的方向，比如说成为作家、讲师、公司高层等 |
| | 给每个身份想象 5 分钟梦想成真的场景，写下你的感受 |
| | 凭你的感受，从 3 ～ 5 个当中删掉 1 ～ 3 个，剩下 1 ～ 2 个定为主要的发展方向 |
| | 如果还剩两个，为这两个主要的发展方向列下三个理由 |
| | 排序两个方向，优先选择排在第一的方向 |

### （2）一年来看

| 关注焦点轴 | 梦想轴 |
| --- | --- |
| 阶段目标 | 这一年，你想要实现什么目标，写下 1 ～ 3 个想要实现的主要目标 |
| | 分析阶段目标和三年发展方向之间的关系 |

一般会有两种情况：

一是与三年发展方向相吻合：比如你的三年发展方向是成为作家，每年的阶段目标是与写作相关，这会让你向作家的梦想靠近。在这种情况下，建议阶段目标尽可能的多样化，以成为作家为例，阶段目标可以是保持每天写作、参加写作课程、认识写作者和出版社编辑等方面。

二是与三年发展方向相违背：同样你的三年发展方向是成为作家，每年的阶段目标却与写作无任何的关联，这种情况下你该思考一下，成为作家是否是自己内心真实的梦想？

### （3）一个月来看

| 关注焦点轴 | 梦想轴 |
| --- | --- |
| 短期计划 | 一年 12 个月的时间，建议其中 10 个月的时间，尽量与年目标相吻合，其余 2 个月的时间做一些新的尝试，一是当作生活的调节，二是有机会发现更多的人生可能。 |
| | 给每个月定一个关键词，比如说发现生活的美。以写作为例子，可以配一些自己拍摄修片的图，给读者视觉的盛宴。 |

续表

| 关注焦点轴 | 梦想轴 |
| --- | --- |
| 短期计划 | 有意识地给成长加些难度，结合上个月的总结，有哪些是必须在本月完成的，给自己一些挑战。这种按月渐进式的成长计划，是一种无意识的刻意练习，时间短看不出什么效果，时间长了会让自己有意想不到的成长。 |

### （4）一周来看

<table>
<tr><th>关注焦点轴</th><th>梦想轴</th></tr>
<tr><td rowspan="3">每周复盘<br></td><td>固定时间，固定问题与自己对话，明确知道自己所做的一切。</td></tr>
<tr><td>结合月度计划，修正自己上一周的一些行为，调整并确保方向的正确性。</td></tr>
<tr><td>以具备累计值的角度看待成长，为自己建立资料库，每周的资料分门别类地入库。</td></tr>
</table>

固定时间：通常我的时间会是在周六下午 2 ～ 4 点，这个时间段，儿子刚刚睡着，我小憩片刻，精神饱满。

固定问题：以下是我最常问自己的三个问题：

① 这一周，我最大的收获是什么？

② 有哪三个方面，可以让我有更大的进步？

③ 我为自己的梦想，做了什么努力？

我不会用消极的问题去问自己，更多的是一种积极的引导。基本上回答完这几个问题后，肯定了自己之余还能发现自己哪些地方做得不足。

### （5）一天来看

<table>
<tr><th>关注焦点轴</th><th>梦想轴</th></tr>
<tr><td rowspan="2">每日行动</td><td>每天早上，第一个举动是写下当天的行动清单：
<table>
<tr><th>行动清单</th><th>事件</th></tr>
<tr><td>常规事件</td><td>用可识别的简单关键字即可</td></tr>
<tr><td>大项目</td><td>适当进行拆解，以小项目的形式完成</td></tr>
<tr><td>遗留事件</td><td>同时写下当天相对详细的行动计划，避免再一次成为遗留事件</td></tr>
<tr><td>留白事件</td><td>明天完成也行，如果当天有时间就一起完成，避免拖延成重要而紧急事件</td></tr>
<tr><td>授权事件</td><td>授权给他人最重要的是如何跟进，写下跟进的时间节点</td></tr>
</table>
</td></tr>
<tr><td>每天晚上，在清单的底部写下三个维度的总结：

</td></tr>
</table>

### （6）每小时来看

<table>
<tr><th>关注焦点轴</th><th>梦想轴</th></tr>
<tr><td rowspan="2">每天的状态</td><td>每天专注三小时：正常情况下我每天的学习时间都有三小时，并且是专注不被打扰的状态，是保证我每天都在学习状态的底线值。</td></tr>
<tr><td>除此之外，做好以下两个维度的自我管理是对每天状态的最大保证：<br>1. 精力管理：从每小时来看，精力是否充沛会直接影响知识的吸收和工作的效率。最好的精力管理是主动休息，在口渴之前喝水，累了之前先休息。<br>2. 情绪管理：内耗是阻止自己前进的最大障碍，当我们做任何事、与任何人接触时，如果能保持良好的情绪状态，一切会顺利很多。</td></tr>
</table>

我们总是盯着方向，却没有维持良好的状态并落实到行动中，这样即使方向再正确，梦想也不会有实现的一天。

→→→……

小互动：欢迎关注我的公众号，到我的后台留言你的读后感。

1. 试试看，总结出微梦想清单对你有用的方法，写一个你的微梦想清单吧！

2. 找一个周日的午后，仔细思考，你一生的梦想方向是什么，如果没有，从现在开始探索吧！

答：

……←←←

# 第 4 章

# 找到你的价值兴趣，让你的成长有迹可循

## 1. 选择困难症患者，我有良药治愈你

大部分的人在面临一个选择时，容易掉入非黑即白的“陷阱”当中：

“我真的好困惑，到底我应该跳槽还是留在原公司？”

“我有一个创业的机会，我到底应该辞职还是应该再等等？”

……

朋友 A 一年前在朋友圈发表过一条状态：“真是受够这个公司了，我决定了，下个月就辞职！”

我给她留言：“如果真的做得不开心，就辞职吧！”

前几天居然接到她的电话，她还留在那个公司。我以为问题已经得到了解决，所以她才继续待在那家公司。

一聊起来，口吻和当年她在朋友圈发的状态一模一样：“我真的很不爽这家公司，我很快就要走了。”

我非常惊讶地问她：“怎么一年了还没有走？”

她：“哎，不知道出去能做什么？”

我：“那你这一年，做了什么改变了吗？”

她：“没有啊，每天不爽这个公司，都没有心情再想别的，再说也没有什么好改变的！”

……

A 最大的问题是，她以为只能做两个选择：要不就继续待在公司，要不就跳槽。

但其实她还有诸多其他选择：

选择一：待在原来的公司，但是同时开始找工作，也就是骑驴找马！

选择二：待在原来的公司，但是给自己一个时间底线，在这个时间底线之前，把原公司的精华尽快吸收，为未来的跳槽做万全的准备！

选择三：有时候是一个时间同时做两件事，比如骑驴找马式地去寻找新的工作，而非完全辞职再去找全新的工作；有时是做一些社会上对角色约定俗成需要做的之外的事，比如我是妈妈，很多人认为妈妈的正常状态是安稳地做好分内的工作就好，我却选择了去挑战人生的更多可能，成为一名斜杠青年。

总之，我们的人生不应该只有 A、B 选项，而是应该在真实的行动中加入一些 C 选项因素，人生的可能性才会被渐渐打开！

据统计，人在每一天大概需要做 70 多次选择，这些大大小小的选择渐渐形成了现在的自己。

在做选择这件事情上，我们都知道还有一个万难的选择事件：在这个选择巨多、眼花缭乱的互联网时代，如何选择自己感兴趣的事，并在做这些事情的过程中，最大化自己的价值。到底是在行动中找到自己的兴趣，还是先有兴趣，再有强大的内在驱动力？

## 2. 先有兴趣，还是先有行动

从 2016 年年中开始，常常能接到一些采访的邀请，其中有个杂志对我进行采访时，让我数一数我的身份到底有多少个。仔细一数，居然多达 10 个！

这样看来，我要做的事情还真不少，即便如此，我从来没有考虑过要做减法。

类似的场景，潇洒姐曾分享过当年她被时尚集团苏芒邀约当主编时的一段对话：

聊到精力分配，苏芒说："难道王潇的能力就只能够带领趁早一支团队吗？""雷军做了 11 个公司，你觉得你只能做一个么？"

聊到专注和做减法，苏芒说：“先遇到能力的边界，先积累，才有资格做减法啊。”“上来就做减法吗？那是为无能者说的。”

在听到这段对话之前，我的观点一直都是：我们大都没有到要做减法的年龄。听了这段对话后，我的观点有了细微的调整：我们大部分的人大都没有到要做减法的阶段，却常常以此为由放弃尝试一种新的可能。

如果我的数学不是体育老师教的，我应该大致能算清楚自己所涉足的领域：大大小小超过 10 个，并且做得还算不错。

这样看来，我的兴趣也算不少，即便如此，我从来没有考虑过要做减法。

我们还那么年轻，人生的边界尚且摸不清，岂敢做减法？我们需要的是更多的行动、尝试！

所以，面对这个问题我的答案是：先有行动！通过行动试错后渐渐丰富自己的兴趣探索清单。

当然，先有行动并不是绝对的答案，而是 90% 的人一开始根本不知道自己的兴趣在哪儿。如果既不知道自己的兴趣，又不去行动，兴趣事件不可能自己出现。我会以自己亲身实践过的方法和思路，给大家一点启发，希望能协助大家走出一条探索兴趣之路。

我们先来看一个公式，如右图：

每天 0.02 的差别，365 天后，1481.5 倍的差距。

在探索兴趣的路上，大多数人的行为如下：

- 花大量的时间、做大量的测试挖掘自己，最后变成道理懂了很多，却依然过不好这一生；
- 三天打鱼两天晒网，因为没有人能告诉自己做的事情是否正确，下不了完全的决心去坚持做一件事，往往半途而废；
- 总是想寻找捷径，最后所有的时间都花在了学习方法论上，几乎没有几件事落实到行动中来。

如果你符合以上几种情况之一，建议你停止兴趣的探索，先行动起来，在尝试过程中累积自己的兴趣清单。

很多人会说，我也在探索兴趣啊，我也很努力，为什么我还是找不到自己的兴趣?

在我们方向还不明确时，行动中避免走一些弯路也许是找到捷径的最佳方式。

所以想法太多的小伙伴们，先别着急，我们需要学会的是管理自己的试错方式。

## 3. 兴趣探索也有坑：不做无所谓的试错

先从两个维度，解释下什么叫作不做无所谓的试错：

- 试错前的甄别：什么事情值得我们去尝试？什么样的事情做起来有“套路”可循？有没有办法找到相关的专家进行咨询？通过互联网进行前期的资料收集和准备了吗？
- 在做的过程中，增加成功的概率：经过甄别后，我们开始行动！同样，我们可以寻找专家给出一些避免走弯路的建议；对一些成功事件的“套路”进行总结，让决定要做的事有许多的方法支持……

以上两个维度看似相似，但区别很大，就比如说同样向专家请教。前者的侧重点是判断是否要做某个决定，后者的侧重点是如何让一件事得以更加顺利地推动。

那么，有什么方法，可以避免做无所谓的试错呢？

### （1）建立一份试错清单

有一个最简单的方法，在左右两边写下对立的两个答案，把所能想到的一切能支持相应观点的理由一一列出。

这是属于甄别阶段面对每一件事列下的试错清单，许多人用这种最笨的方法做出了人生当中许许多多重要的决定。

试过之后要善于总结，把所有你试错的事件，从以下几个维度进行总结：

- 做这件事的动机；
- 成功 / 失败的原因；
- 中间做了怎样的调整；
- 值得借鉴的点在哪里；
- 有哪些坑避免再次掉入。

你得有一份专属于你自己的试错清单，这份清单由薄到厚，再由厚到薄，渐渐成为一份足以指导自己整个人生行为模式的方法清单。

### （2）5 ～ 10 位榜样的力量

每周最少用半个小时的时间用来刷微博特别关注、微信星标朋友的内容。

为什么是 5-10 位？因为人数太多反而更难聚焦。

这 5 ～ 10 位是固定的吗？在比较长的一段时间里是固定的，但是当我摸清 Ta 的“套路”或者自己的成长比榜样还快时，可能会进行更换。

① 如何观察榜样？

- Ta 是如何思考问题的？
- Ta 是如何保持高度能量的？

- Ta 是如何看待新事物、新平台的？
- Ta 在这些年来，是否进步，如何进步？
- Ta 的榜样是谁？
- Ta 关注的人、事、物有哪些？

② 如何最大化学习到榜样的力量？

第一时间写下在看到 Ta 的状态时的原文、感想和自己受启发计划要开始的行动。

### （3）以成就事件的思维做事

以【时间管理特训营】为例，从课程的设计、文案的撰写、特训营模式的建立、课程的运营、口碑的宣传……

这些内容的不断升级，让【时间管理特训营】变成了我的标签式成就事件。

我们为什么需要成就性事件？

我们的潜能很多时候是需要通过刻意的训练进行开发。做成一个成就性事件即是开发自我潜能很好的一种方式。

我的时间管理特训营，即是我多重身份非常重要的成就性事件。

我花了非常多的时间和精力，去研究如何把这个特训营做起来。成为成就性事件后，我的第二个特训营和与我合作的各种特训营便有了所谓的方法和框架。

同样的道理，当我们探索自己的兴趣爱好时，针对某个兴趣，找到最适合自己的学习方式、学习渠道、实践方法，遇到的种种困难一一进行突破。

顺着这个思路，给大家提供三个思考方向，先试着回答，再来考虑问题是否适合自己：

① 什么情况下，可以放弃自己正在进行试错的兴趣项目？这个项目可以是一本难啃的书、一篇文章……

② 有没有试过总结，什么类型的兴趣项目最容易让自己试错失败？

③ 哪些兴趣项目，是你认为最值得不计结果投入进行试错？

我们的生命、时间，甚至是自信心都很有限。不做无所谓的试错，才能保证有限的精力在无限的人生当中得到淋漓尽致地发挥。

正确试错过后，你会发现自己拥有大量的兴趣爱好，这个时候，我们要做的是从兴趣爱好当中找到你的价值兴趣。

## 4. 兴趣太多？简单四步实现你的价值兴趣

什么叫价值兴趣？就是能让自己得到价值提升的兴趣，这里有三个关键要点：

- 内心喜欢做的事情；
- 间歇性得到正面的回馈，因为我们普通人很难默默无闻长久坚持做一件没有任何反馈的事情；
- 对个人品牌有一定的累计价值。

也许这么想会目的性太强，但是我更加认可在方向不够明确时，拥有强目的更加容易让自己坚持做一件事。

如何找到你的价值兴趣？

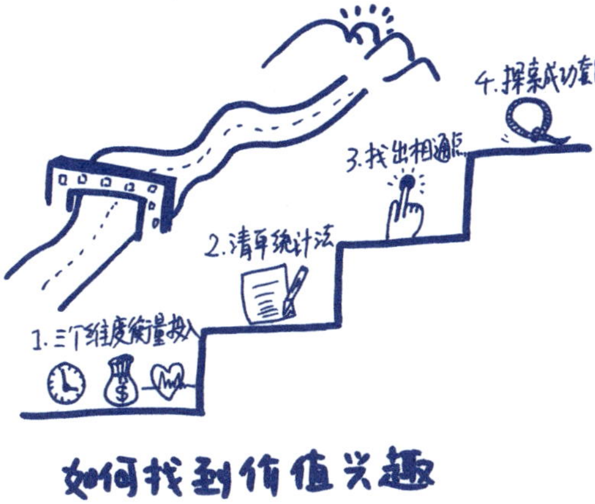


如何找到价值兴趣

如果你对自己过往每个兴趣的投入有做过总结，直接把总结拿出来对比、排序。如果没有，建议你用一个月的时间，找出你投入最多的兴趣。

第一步，从以下三个维度衡量你的投入。

- 时间：你真实投入每个兴趣当中的时间值。
- 金钱：你愿意为这个兴趣爱好付出多少金钱，比如说报课程、购买兴趣相关的产品。
- 心流：你在做这件事时，你内心真实的感受是什么。

第二步，清单统计法：列出你的三个兴趣、爱好，按照时间、金钱、心流三个维度的投入，算出你一个月的真实分配情况。

价值兴趣表

| 优势 | 投入：投入回想 / 投入记录 | | | | |
|---|---|---|---|---|---|
| | 金钱 | 时间 | 心流 | 合计 | 排序 |
| 写作 | 40 | 40 | 50 | 130 | 1 |
| 时间管理 | 30 | 40 | 40 | 110 | 2 |
| 人际关系经营 | 30 | 20 | 10 | 60 | 3 |
| … | | | | | |
| 合计 | 100 | 100 | 100 | 300 | |

从以上价值兴趣表可以看出，现阶段对我来说，三个兴趣的排序依次是：写作、时间管理、人际关系经营。

通过这种方法，能对自己正在尝试的多项兴趣进行排序，从而得知什么样的兴趣值得自己持续性投入。

当然，每个阶段我们的兴趣会有些微调，尤其是一开始的探索阶段，调整的频率会比较大，但是渐渐地我们的价值兴趣事件会趋向定型。

找到一件相对价值兴趣事件只是第一步，如果到此为止，我们的影响圈子不会有任何的辐射和升级。

第三步，找到价值兴趣事物之间的相通点。

前面一节谈到进行试错时，我们需要做成一件成就事件，结合本节前两步探索出来的价值兴趣，将会大大提升我们做成一件事的内在驱动力和概率。做成一件成就事件后，再进行下一次尝试时，可以问自己几个问题：

- 这件事是否与成就事件有相通点？
- 我可以怎么做？
- 做这些事情需要我的哪些已经擅长的通用技能？
- 我有哪些资源可以用在上面？
- ……

如果说在尝试一件新事时，能找到与已经做成功的成就事件的相通点，事情会变得相对容易。

第四步，探索出价值兴趣事件所谓的成功“套路”。

先问大家一个问题：你有想过学习速读吗？

如果有，证明你是一个有欲望从众多事物中探索出规律来的人。

探索“套路”本身也是有“套路”的，正常情况下，你反复多次接触同一类型的事，总是能摸索出一些纹路来。

如果你从一开始就能有意识地寻找事物与事物之间的联系，并且找出属于自己特色的、相对成功的做成一件事的方法，你会更加容易探索出来。

把这样的一条探索之路走通、走顺，不断挑战自己处理问题的能力，让自己的能力得到不断的提升。再把这些成功的经验复制到新的兴趣、爱好上面，会有一种事半功倍的效果。

## 5. 80% 的时间，投入到你的“最”兴趣当中，20% 的时间探索人生边界

很多时候我们总是自以为是地认为自己的兴趣爱好是哪一个，但当兴趣扑面而来时，却又措手不及。如果能够做到对自己的兴趣了然于心，你的目标感会清晰很多。目标清晰后，方向也会渐渐明朗。

试错清单方法当中，我们提到需要做成成就事件，在这个基础上，继续提出我在探索路上的精力分配原则：

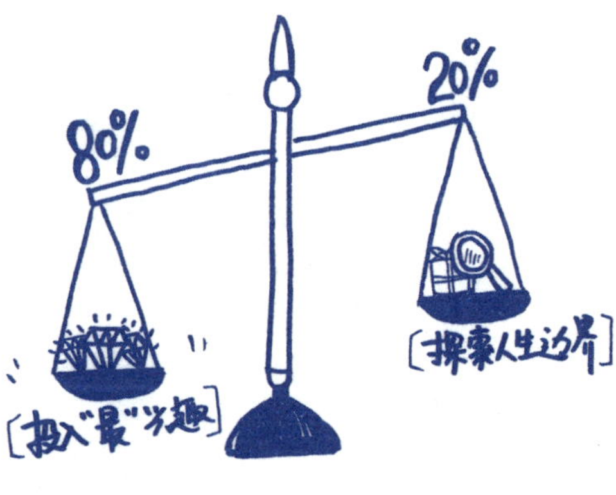


时间分配图

### （1）80% 的精力投入到你的“最”兴趣当中

通过第一种方法，先找出你的“最”兴趣，在接下来的时间里，花 80% 的时间，把这个兴趣打造为成就事件。

为什么是 80% 的精力？我们每天的时间、精力都是有限的，既然

找出了价值兴趣事件，全力聚焦地打造才有可能提高做成一件事的概率。

### （2）20% 的精力不断开始新的尝试：不停止探索人生的边界

这种探索有两个意义：

① 不断保持对外界敏锐的观察力，避免落伍；

② 时刻保持试错状态，为做成下一件兴趣成就事件做准备。

新的尝试最关键的作用在于提醒自己，我们不能一直处在原有的知识框架、系统当中。

在整个坚持过程中，我们也需要一些新鲜的血液和灵感，让我们能够不脱离趋势地坚持自己的兴趣。

20% 的精力不断开始新的尝试，还能够让自己从这些尝试中找到新的兴趣，或者是找到兴趣当中的相通点。

比如说我把“时间管理特训营”做成成就性事件的同时，还在不断尝试开发新的课程。最终公开出来的课程，都是经过反复打磨而成的。

即便如此，我还会隔段时间分出一些精力去做一些全新的尝试，比如开通新的平台、持续设计课程、组织线下活动……

人生的边界是在不断探索的过程中打开的，这个探索一旦上瘾，会形成正向循环，根本就停不下来。

## 6. 只有真正持续地努力，才有机会让你看起来与众不同

### -Story1-

朋友结婚想找主持人，让我帮忙找一个“高手”，要求是风趣幽默，可以活跃现场氛围，酬劳是5000元。

我马上想到了L，我们认识5年了，当时是在另一个朋友的结婚典礼上认识的，他就是那场婚礼的主持人。

说实话，要说当时他主持得有多好，我不太记得了，但总体印象还不错，再加上5年的磨炼，估计完全够格。

打电话过去表明来意，L支支吾吾地拒绝了。我是个急性子：“5000元，你还嫌钱少不成啊！”L：“不是，太多了！”我差点说多了没有关系啊，我帮你花啊。L接着说：“我已经很多年没有怎么主持过了，没有信心！”

我：“为什么？这可是你的兴趣和长项啊！”L：“算了算了，我不想多说，总之我不想接！”

挂了电话，我不甘心，于是打电话给了我们的共同好友也就是当时的新娘，才了解到L主持了她的那场婚礼后，陆续有人找他，他要不就是嫌地方远，要不就是嫌给的酬劳少，慢慢地就再也没有人想到他了。后来，他干脆就放弃了。

机会就像一只手，一开始嫌机会太小不想抓住，当大机会来临你想伸出手去时，因为能力不强，你够不到了，只好眼睁睁地放弃。

谁年轻的时候没有几个机会，如果不珍惜、不抓住机会，总是嫌弃它，等到大机会来临时，你的才华已不足以支撑梦想。

如果说我的朋友 L，他一直持续地刻意提升他的主持功力，5 年过去，能否成为大师级人物我不敢说，在主持界小有名气是绝对可能的。现在线上、线下需要主持人的机会有多少？平均每天都有三位数以上。

## -Story2-

P 是位男生，是我在第一份工作时认识的客户，他的钻研精神很强，是北京一所高校毕业的高才生。认识他的时候，他已经是高级技术工程师了。

我对他是各种羡慕嫉妒，年纪轻轻，也算事业小成，老总非常器重他。去年年底，他突然给我打电话，说不想再搞技术了，问我有没有认识的人可以帮忙介绍一份新工作。仔细聊了一下，才知道，原来赏识他的老总，两年前跳槽到新的公司了，想挖他过去带团队，他没有答应。新的老总和他各种磨合不来，等他想要抓住旧老总伸出的橄榄枝时，那个岗位已经有了人选。

我让他把简历发过来给我，我帮忙找和我有联系的猎头看看有没有合适的机会。收到简历看完后，我为难了。P 丝毫没有突出的工作经验，并且过去他非常拿手的技术领域，现在已经更新换代了。职场不是学习的地方，即使 P 在简历上表达自己的学习能力再强，也比不过那些薪资要求比他低、比他年轻的 90 后了。

机会就像一只手，当别人选择握住你时，如果你总是犹豫，畏畏缩缩不知道是否要果敢地伸出去，很有可能，会丧失一个好机会。有时候，努力不只是把眼前事做好，有胆识、胆量，敢于去做一些新的尝试、敢于舍弃旧我，也是一种不同形式的努力。

如果说我的朋友 P，他在旧老总伸出第一次橄榄枝时牢牢抓住，前途同样不可限量。或者是他继续待在原来的公司，但是顺应着互联网的浪潮，开始自学互联网通用技能，再以技术背景自学互联网相关知识为亮点，跳槽到互联网界，相信会有很多公司需要他。

在和别人分享我的时间管理实践时，总有人会说："你的上班时间很自由啊，但我不行啊。"

我马上反问："那你的下班时间呢，比我多吧？"答案几乎是肯定的。

我们总是喜欢抓住别人的"条件"并与自身进行对比，快速得出结论：我做不到，是因为我的条件没有你的好！

究竟是你的条件不够好？还是你不够努力？还是你不够（有）胆量？

- 你没有上班可利用的自由时间，为什么你下班后不用带小孩，时间照样被浪费？
- 你没有遇到好的上司，所以没有好的提升机会？
- 如果你不努力表现优秀，好的上司情商不低，智商更不会低到哪里去，他凭什么选择提升你？
- 你说你有演讲能力，我们不需要听你天花乱坠，只要把你拉上讲台，一试便知道！

互联网时代机会很多，也很残酷，稍有不慎，机会便会消失殆尽。

这个社会的发展其实也没有你想得那么快，你看到 papi 酱仿佛是一夜成名，我却觉得（她的视频？）就连拍摄的背景、土掉渣的装扮都布满心机。去度娘搜索她的相片，时尚大美妞一个，好吗？

我之前一直说我从 2015 年年底才开始规模写作，很快陆续有稿费收入，不断签下一个个平台的特约撰稿人。

但是我坚持看书已有近十年的时间，我一直在匀速奔跑，只不过现在厚积薄发罢了。

在最开始和出版社沟通书的目录大纲时，因为没有经验，被打回重写。我一点沮丧的情绪都没有，我既然选择了尝试，必定知道这不是随随便便、无须努力就能完成的任务，我要做的是全力以赴。

所以，如果没有很好的回报，别抱怨其他，一定是你努力的程度还不够。

2017 年年初，一个 2016 年年中取关我的粉丝因为听了我的一场分享，重新关注了我并给我留言："Angie，我也就半年没有关注你，你怎么发展那么快！"

我们看到的绝大部分只是表面。

2008 年毕业，我误打误撞进入了互联网行业，熟悉很多互联网的"玩法"。

从大学开始，我一直很喜欢阅读，最高纪录一年看了 300 多本书。

我能无须任何人的驱动，长期坚持做一件事，比如坚持每天早起、每天学习、每天写作。

我身边认识的很多人，都是拼起来不要命的。并不是说拼起来不要命有多么了不起，而是说你只看到了别人的成绩，但别人真的做了你想象不到的努力。

不要把眼界受困于表面，总认为自己已经那么努力为什么还不行？如果只凭所有人看得到的努力就能做成功一件事，成功的标准只会更高，而不是所有人都能成为世俗口中所谓的成就者。

你认为拼搏无济于事，劝那些拼起来不要命的人尽快收手。同样你和那些自以为自己很懂但其实什么行动都没有的人说：你不懂！他们也不会接受。

我们每个人做的每一个选择被困于哪种思维误区，最终还是要靠自己透彻心扉地想明白才有可能真正走出来。

而这种想明白，也会存在这么一种情况：当局者总是看不清，误以为自己是懂得的。

每一次一对一咨询，我都会让对方做一个测试。

这个测试是我花了4000元上的线下课当中教的一个工具，而由于我一对一咨询经验相对丰富，我总能结合测试的结果用几句话戳中对方的“要害”！

当然，测试的结果总是有人欢喜有人忧。

我能从对方的几个代码解读出对方的一些真实想法：比如目前正在做的事情是否是自己喜欢的、是否是自己未来想要从事的方向。

每次讲完，我都会停顿一下看对方的反应，大部分的人一开始的表情是痛苦的，继而释然，继而眉开眼笑。

这个时候，我也会深深松一口气。

但我总能遇到一定比例的人，Ta的表情是愤怒而抗拒的。

这个时候，我会停止自己的犀利，尝试在中间交流的环节再进行试探，把一些残酷的判断相对温和地告诉对方。

斜杠探索之旅是一次自己被不断放大的过程，在这个被放大的过程里，极大的可能是你会受到不断地质疑。如果这个比例很大，希望大家不仅要拥有坚强的内心，而且还要直面自己的不足。

只有真正持续地努力，才有机会让你看起来与众不同。

→→→

小互动：欢迎关注我的公众号，到我的后台留言你的读后感。

1. 请建立一份属于你自己的试错清单。

2. 请用价值兴趣表算法，算出你的价值兴趣！

答：

←←←

# 第5章

# 【时间管理】：越忙越有时间，找到你的分类价值时间

## 1. 5分钟，先学会时间管理的最短有效路径

### （1）什么是最短有效路径

最短有效路径问题是图论研究中的一个经典算法问题，旨在寻找图（由结点和路径组成的）中两结点之间的最短路径，以最短的时间、最低的效能进行连接。

下面我们来看一个例子：

我们开车前往一个未知的目的地，一般正常而又直接的做法是：打开导航、输入目的地、出发。你会在出发前反复确认，导航半路会不会坏掉、自己是否有意志力坚持开完这段路程、是否会犯懒犯困、是否会在途中遇到事故……这些可能在行车中会遇到的问题吗？

你不会！

那怎么进行时间管理呢？为什么要把这个问题上升到挑战意志力的高度？为什么要在还没开始前给自己设置各种障碍？为什么要费劲在脑海中架构自己并不存在的“懒癌”画像？

就像前往一个目的地，你出发就好了，导航半路坏了，换手机导航不就行了；半路犯困，换一个人开车或者到服务区休息一下不就行了；我只想问问，在这整个过程中，你到底动用了多少意志力？还是在行车时，一边调整自己的状态，一边解决真正遇到的问题。是不是越老练、上路的机会越多的车手，越能从容淡定地处理路上遇到的各种状况？

时间管理也不过如此，甚至可以更简单，不需要真正的目的地，只是给自己一个开始，却可以到达一个你想象不到的未来。

### （2）时间的投资秘密

李笑来在他的畅销书《把时间当做朋友》中提到一个观点：

想象有一家银行每天早上都在你的账户里存入 86 400 元，可是每天的账户余额都不能结转到明天，一到结算时间，银行就会把你当日未用尽的款项全数删除。这种情况下你会怎么做？

当然是每天不留分文地全数取出！

其实我们每个人都有这样的一个银行，它的名字叫时间。

每天早上时间银行总会为你在账户里自动存入 86 400 秒，一到晚上，它也会自动地把你当日虚掷掉的光阴全数删除，没有分秒可以结转到明天，你也不能提前预支片刻。

对时间进行投资性消费，就像一拿到薪水，就预先扣除储蓄额，时间的运用也可以如法炮制，在一开始安排行程时，就先扣除一定的时间，用来做重要的事，让时间的使用变得更有效率。

那么，学会时间管理的最短路径是什么？

即建立起【找出一个时间管理技巧→把这个技巧当作习惯进行反复练习→时间得到有效利用】的正向循环。

### （3）找出时间管理技巧的最短路径

① 不要高估自己，找出你的黄金半小时：在写第一篇时间管理文章时，我曾提出要大家真实记录自己时间的建议，并建议大家去看《小强升职记》等类型的书，也就是说在正式开始使用时间之前，你还需要看一些书、了解自己的时间状况等烦琐的步骤。但是今天，我们去掉一切多余的步骤，直接找出你一天当中的黄金半小时。黄金半小时的定义也非常简单：从你一天当中找出半小时，可以不固定在哪个时段，越早越好，比如，可以是起床后通勤的半小时、可以是抵达公司后开始正式

工作的半小时、可以是中午吃完午饭的半小时、可以是即将下班的半小时、可以是下班通勤的半小时、可以是晚饭后的半小时、可以是睡觉前的半小时。

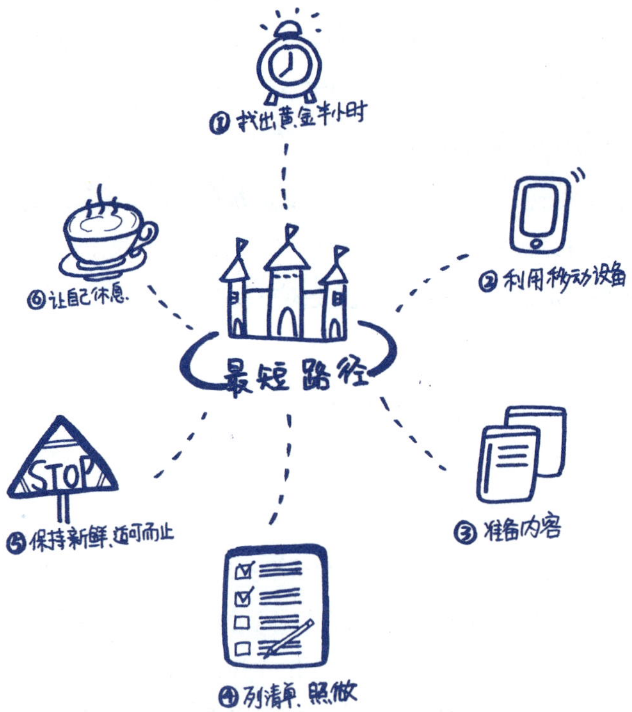


找出时间管理技巧的最短路径

② 利用移动设备，想做就做：准备七天以上足够半小时学习的资料，如手机当中的音频课程、kindle 下载的电子书、一本自己感兴趣的书，我们往往并不是找不出黄金半小时，而是没有为此准备好相应的学习内容。

③ 准备什么内容：一开始准备感兴趣、相对简单、可与人进行交流、可以“晒” 的学习内容，比如说拥有绘画基础的人，可以选择每天画半小时画；比如喜欢看书的人，可以挑以前看过觉得不错的书籍。

④ 照着做事、列出清单：列出七天内的学习清单，最好的方式是写入手机备忘录中，命名为“黄金半小时计划”，在脑海中建立一个模型：无聊时—打开备忘录—按照黄金半小时计划—开始黄金半小时。

⑤ 保持新鲜感之到此为止：半小时一到，跳出学习状态，开始做别的事情。为什么要这么做？人们做一件事情的时候，适可而止反而能轻松愉快地完成以往看似不可能完成的任务，等到第二天进行黄金半小时计划时，更多的是新鲜感而非压力等消极负面的情绪。

⑥ 给自己休息时间：假如某一天你忘记了黄金半小时计划，你会怎么办？正确的做法是：告诉自己，我今天是休息日，分析当天的状态，给明天设置学习提醒。对于已经过去的事情，完全没有必要进行补救，把力量花在当下与计划未来，调整好状态，与自己和解。

### （4）时间管理程序当中的 Bug

① 你不是真正的拖延：

有两种极端的情况：

- 你在开车，前面有个行人，再不踩刹车就要撞上去了；
- 前面有悬崖，你骑着自行车，再不停下就要连车带人掉下去了。

你还会因为拖延而不采取行动吗？

所以，你不是真正的拖延，而是你的思考方式出了问题：

- 把事情拖延到最后一刻，居然也完成了；
- 把事情拖着不做，最后居然真的不用我做了；
- 我不做这个事情，看起来也没有什么影响啊。

改变你的认知模式，别把什么都归因于拖延，用行动改善拖延，而不是让拖延阻挡了你的一切行动。

② 避免陷入假完美主义，做错永远比什么都不做好：

我们总是以完美主义为借口而迟迟不开始一项行动，今天，试试给自己来一个“烂”开始，你可以轻而易举地比昨天获得更多的进步。

完成一项艰难任务最为正确的打开方式是：从 Deadline 往前推—分解目标到每一天—每周一小节确保跟上时间进度—最终完成任务。

当你遇到无法完成的艰巨任务时，恰恰是最能开发你的潜能的一个机会，只完成 80 分比你为了完美而不敢行动更能让你的能力得到提升。

③ 道理懂那么多，你却依然不行动：

你是否陷入这么一个恶性循环：看完一篇文章—太棒了赶快收藏起来—不做任何笔记也没有任何的行动—下次再看到类似的文章—只觉得好眼熟但没有了热情—再次看到类似的文章—哎呀一点用都没有，别浪费我时间。

然而，如果你这样：看到一篇文章—太棒了收藏起来—从中挑三个点写入笔记中—从笔记中挑一个点进行实践—下次再看到类似的文章—这里又有个小技巧挺符合我的需求—加入笔记中—反复拿出来训练—再次看到类似的文章—继续挑选有用的知识加入笔记中—反复练习修正—有了自己的实践经验——有了自己的理解开始分享—你有很多可能！

很多人都说，时间无法进行真正意义上的管理，就像财务无法实现真正意义上的自由一样。然而，任何事物都是相对的，了解清楚自己的精神状态，找到最适合自己的时间管理方式，看山是山、看水是水，不纠结、不焦躁，好好投资你有限生命里的每一秒吧，玩时尽兴、努力而无憾。

## 2. 这样管理时间就对了：找出你的时间特点

首次读完柳比歇夫《奇特的一生》这本书时，我被深深地震撼到了，还有人能对时间有如此精准的把握！

说实话，在那之前的几年里，工作很忙之余还要照顾小孩，我陷入一种完全没有时间去管理时间的理解误区当中。

直到我看完这本书，才意识到管理时间之前，我们需要先找出自己的时间特点。

很多人会说，时间能有什么特点，不就是每个人每天都有 24 个小时，直接去使用不就行了。

我在真正行动去“找”的过程，发现自己真实拥有的时间状态和自己的想象有非常大的不同。

### （1）我的时间都被手机“吞噬”了

以为自己每天上班时忙着工作，下班时忙着照顾宝宝，除此之外再没有多余的时间，直到监控了自己每天使用手机的时长：以一周的时间为单位，平均每天使用手机多达 6 个小时。

原来，我不是没有时间，我是把时间都挤出来用在了手机上。如果说使用手机有什么收获，这也没有什么，可关键的问题是我丝毫想不起来用手机做了什么特别的事情。

也就是说，我一周有 42 个小时的时间，是完全没有任何意义的消耗。且不说这些时间能被自己完全利用，打个五折，都有 21 个小时。我们每天醒着可以被真正使用的时间也就只有 10 来个小时。仔细一计算，每周的时间，我就浪费掉接近两天醒着的时间。

如果说这种累积时间用来学习，比过去的自己，每周我都多出两天的进步值来。

算清楚后，突然庆幸自己刚毕业时的第一份工作特别忙，每天的工作量都很大。花了很多时间琢磨如何提高自己的工作效率。如果当时不是特别忙，搞不好就是巨大时间财富的浪费。

从看到使用手机的数据开始，我对时间重新有了察觉。

### （2）我陷入了拖延症黑洞里

A 客户找我：“Angie，我的方案你说下午给我的，别忘了哦！”

B 客户找我：“Angie，我的账户你说今天会给我优化建议，是不是忘了呀！”

每天，我的时间都被各种外界的人、事、物赶着走，而内在我给自己下了一个标签，我是一名拖延症患者。

甚至有段时间我对自己说：“反正我能在最后一刻把事情做好，拖延又有什么关系，还能锻炼自己的能力！”

我们公司的业绩是按月计算的，在和C公司沟通时，对方信誓旦旦地说："一定会准时给你们安排款项的，别着急！"

然而，那天直到下班还是没有收到对方的款项。更惨的是由于C公司的款项特别大，直接导致整个部门无法完成任务。

我开始重新思考自己在拖延问题上究竟是哪个环节出了问题，一个很关键的因素是：我总是在做重要而紧急的事情，事情很重要而时间又被拖延至所剩无几！

于是我从两个维度进行了调整：

- 时间底线很确定的事情，提前给自己定底线时间。
- 答应别人一件事时，适当留些空白时间，让自己养成提前完成别人交代要做的事情的习惯。

这两个维度的调整，让我很快从时间黑洞里逃脱出来。

### （3）我是个妈妈，我怎么可能拥有属于自己的时间

怀孕那一年，我重新捡起了阅读的习惯，儿子出生后我一度差点抑郁。除了顺产儿子29个小时的痛，更多的是对新的人生角色的迷失：

- 我怎么就成为妈妈了？
- 我能给儿子带来什么？
- 这个小生命怎么能那么折腾，一天晚上醒来无数遍？
- 未来，我还有什么可能？
- ……

很多问题都没有答案，我也不知道该去哪里寻找答案。刘先生也不知道我究竟怎么了，一个好端端的人在生完小孩后完全变了个样。

我开始大量看育儿、心理学、灵修书籍，慢慢看到了一些曙光。

很多人说职场妈妈怎么可能拥有自己的时间，我却有不同的看法：先知道自己想要做什么，时间自然而然就会被挤出来。

因为我喜欢阅读，在照顾小孩之余，我总能找到阅读的时间。

如果你先想着把时间挤出来，再去为这个时间匹配可以做的事，最后的结果极大可能是总挤不出来时间。

如果正向思考得不到答案时，我会试着用逆向的思维先找到突破口。

阅读后的很多知识、技巧，我又试着用到了儿子身上。儿子的生活习惯变得很规律，比原先多出来更多的时间。

### （4）我的无效用时间怎么那么多

我的无效用时间可能和大家有一些定义的不同，但我认为这样归类，更能体现这类时间的特点：

- 过分担忧尚未发生的事情，总爱设想一堆假设的问题让自己找答案。
- 专注时的走神，根本不知道自己在做什么事情。
- 陷入情绪化的状态里无法自拔，碎碎念的方式让周围的人反感而不自知。
- 受了委屈，莫名其妙把气撒在亲人身上。

往常情况下，面对类似的事件，我都是让自己深陷其中无法自拔。

对付这种无效用时间最直接的方式是对自己喊停，让其他手头上可以信手拈来的事来转移这种情绪。

### （5）拥有了时间，却无法意识到好好利用时间

在跳槽到外企 S 并适应了 S 的节奏后，平时的上班时间多出来了很多。

一开始很兴奋，慢慢觉得不对，这多出来的时间我好像并没有很好地利用起来啊。那段时间正好是全民炒股热，因为无聊，我也加入了炒股的大潮。每天上班时间总想关注大盘，下班时间和刘先生讨论的热火朝天。每日的时间倒是过去得很快，可是半年时间过去后，仔细一想，这半年的时间是一种相当大的浪费：每天心惊胆战地盯盘，不但血本无归，整个人还萎靡不振。

这么大把的时间就这样被我白白浪费掉了。

如果把炒股换成逛淘宝、和同事聊天、无所事事地刷屏，是不是有很多人会“躺枪”。

这件事给我的最大感触是，当拥有时间却无法好好利用，是对时间本身最大的不尊重。

我停止了炒股这个行为，开始在上班时间自学项目管理，工作很快就有了很大的起色。

把拥有的时间正确地花在有价值的事情上，你会看到结果。这个结果也许是实实在在的回报，也有可能是整个人正向积极的生活态度。无论是哪一种，都是一个人最大的进步。

**（6）每天我都累得跟狗一样，什么都不想做**

每天下班后，经过一整天的忙碌，觉得累得什么都不想动了。后来学习了精力管理，开始把休息放在了平时，才幡然醒悟，我不是时间不够用，是不会聪明地管理精力。

精力管理的方法在第一章已详细聊过，这里不再赘述。想强调的是要养成全面看待问题的习惯，状况出现时，才能对症下药。

结合以上六种情况，我对自己的时间进行了以下分类：

| 时间分类 | 分类解释 | 特点 |
| --- | --- | --- |
| 常态时间 | 通勤时间、午休时间等 | 稳定 |
| 动态时间 | 变数较大的时间 | B 计划 |
| 黄金时间 | 上下班前后等可进行大段专注的时间 | 专注 |
| 碎片时间 | 等朋友的时间、排队时间等 | 闭环 |
| 暗时间 | 没有被察觉可以利用的时间 | 察觉 |
| 其他时间 | 情绪化时间、无所事事时间、刷屏时间 | 够了 |

从此，我对自己每天的时间有了全面的掌控。

## 3. 每天的黄金专注时间：找到高度自律的自己

比钱更贵的是时间，比时间还贵的是你的注意力。这句话大家都知道，能真正践行的却是少数。

你向我借一个小时或者 500 块，我更乐意借你一个小时。也有人说我不会这样啊，那我问你，如果别人占用了你一个小时的时间，你会想着让对方还吗？如果是可以衡量的金钱，你肯定会有想让对方归还的想法。我们经常听到谈钱伤感情，却从来没有听到谈时间伤感情。在我们的潜意识里，钱比时间贵。

我们再来看看最贵的注意力，从心理学角度来说：注意，通常是指选择性注意，即注意是有选择的加工某些刺激而忽视其他刺激的倾向。它是人的感觉（视觉、听觉、味觉等）和知觉（意识、思维等）同时对一定对象的选择指向和集中（对其他因素的排除）。人在注意着什么的时候，总是在感知着、记忆着、思考着、想象着或体验着什么。人在同一时间内不能感知很多对象，只能感知环境中的少数对象。而要获得对事物清晰、深刻和完整的反映，就需要使心理活动有选择地指向有关的对象。

但现实的状态却往往是相反的：表面上看起来我们在专注得做一件事，实则只是单一维度的专注，你没有把全方位的注意力放在正在做的那件事情上面。

先来描绘一个场景：今天下午没有任何人打扰，我准备看书。翻开书后，突然想到淘宝有件衣服忘记付款了，儿子的巧虎剧场还没有购票……于是放下手中的书，开始把注意力转移到头脑中跳出来的琐碎事件……这个场景是不是似曾相识，因为我们经常这么干！

真正专注一件事的过程，是感知着、记忆着、思考着、想象着或体验着那件事。

在我看来，黄金专注时间定义有这么几个关键点：

① 至少 30 分钟以上；

② 只专注手头上的一件事。

针对第一条，我们先来谈谈如何快速让自己每天都有黄金专注时间。

- 仔细回想自己的不同场景的时间特点：为每个不同场景找到至少一个 30 分钟以上的时间块。对我来说，场景包含早起的时间、工作的时间、晚上学习的时间。从当中挑出一个相对容易实现的场景，划出一块专注时间来。
- 从自己感兴趣的事情开始：不要一开始就让自己做一些很难的事，试着先把专注的时间固定下来，比如从自己最喜欢的小说开始做起。
- 为你的专注时间匹配内容：这个内容建议结合个人成长价值相关，比如阅读、写作、听课、学英语等。
- 采取渐进的形式进行强化：以周为时间阶段，或者逐渐增加每次专注的时长，或者逐渐增加每天专注的次数。

针对第二条，有什么简单的方法可以"医治"自己，让自己的注意力完全在手头的这件事上。

必备工具：相对独立的空间、耳塞、笔和本子、番茄钟。

我们被打扰，不外乎两种情况。

① 被自己打扰：

| | 早晨时间 | 工作时间 | 晚上时间 |
|---|---|---|---|
| 特点 | 晨起时间的特点是稍微不留神，时间会过去很快； | 空间不够独立，即使同事不来打扰自己，也总会去听别人聊了什么； | 需要陪伴家人，无论是小孩还是伴侣，自己的时间少之又少； |
| 方法 | 提前构思好早晨时间要做的事，早上起床后以最快的速度进入状态； | 带上耳塞，人为地为自己建立一个独立的空间，打开番茄钟倒计时； | 以我自己为例，在陪伴小孩期间，先完成所有的洗漱，小孩上床时，我就可以马上进入学习状态。 |

任何情况下通用的清空大脑法：当头脑当中有任何的想法时，写在旁边的本子里，以最快的速度清空自己大脑的杂念。如果你发现自己的大脑无法清空，请多尝试几次，直至毫无杂念为止。在整个清空的过程中，你会惊讶自己怎么有那么多乱七八糟的想法，内心也会越来越轻松。

② 被他人打扰：

以上班场景为例，分为三种情况：

立刻打断：来找你的人十万火急，需要你马上进行处理。而你只要快速地看一眼手头上的工作，并以最快的速度在早已准备好的本子上写下目前的进展和思路，就可以去处理紧急事件了。

阶段打断：来找你的人神态自若，事情明显不太着急，你可以和对方确认完成的时间范围，把手头上的事完成到一个阶段后，依然是在旁边的本子写下目标的进展和思路，主动找到对方把事情解决。

延迟打断：如果工作不需要当天处理，让对方给个底线时间，在本子上写上对方事情的大致情况并标明完成时间，继续把手头的工作做好。

除此之外，还有 7 个方法，对训练你的专注力有极大的帮助：

① 刻意练习专注：

很多人认为提升专注力的第一步是想尽办法在自己想要精进的领域拥有强专注力，我却有不同的看法。

朋友小妮是一名冥想爱好者，喜欢上冥想是因为有段时间状态很不好，想通过这种方式内观自己。冥想了一段时间后，却意外地发现自己做事情的专注力得到了大幅度的提升。

我也是在非常意外的情况下，锻炼了自己的专注力。毕业季前后，时间相对空闲，我开始大量阅读职场小说，深深地被小说里的情节吸引住。从那以后，每一次发现自己处在注意力不够集中的阶段，都会通过阅读小说的方式重新找回感觉，推荐大家阅读东野圭吾和毛姆的小说哦！

去做那些你真正喜欢的事，就是对专注力的一种刻意练习。

② 奖励式专注：

这个奖励，可以是人为的物质上的奖励，比物质上的奖励更厉害的是心流体验的奖励。

专注是手段，能否高效地完成一件事才是终极目的。从这个意义上来说，每一次感觉自己的效率提升时，你可以奖励自己最想要的一份小礼物。

为什么是感觉提升就行，人是情感类动物，是需要被满足、被激励、被认可的一类群体，有时候就应该无条件任性地认可自己。

每天都有专注状态的人，常常会觉得很爽，这个爽是因为心流体验而产生的。

所以，你可以为你喜欢做的事赋予内心的真正热爱，并把它当作奖励去做，你会珍惜而又充满动力。

③ 独立空间式专注：

频繁别被人打扰？最好的办法是为自己创造独立空间进行专注，具体如下：

- 早起万籁俱寂状态下，与自己完全独处；
- 提早 1 个小时到达办公室，既可以避开高峰期，还可以在没有人的办公室非常高效地处理很多事情；
- 在家办公又有小孩的情况下，和家人商量，去附近咖啡馆高效工作几小时；
- 上班时间，偶尔搬到会议室上班，通常一天情况我会带着手提电脑到公司的某个会议室上班一次，在这个相对独立的空间状态非常不错。

独立空间式专注最重要的是有这样的意识，并且愿意去试一试。相信我，你的同事、小孩没有你想象中那么需要你，而你却可以通过这种方式高效完成许多事。

④ 番茄钟式专注：

当你觉得时间过得太慢、心不在焉，又说不出有什么具体的困扰时，最好的方式是开启你的番茄钟。按下它的那一刻，仿佛拥有神圣的仪式感。25 分钟的精进 +5 分钟的休息，会让你更高效。只是别忘了，每隔一段时间，把 25 分钟的专注时间适当往上增加哦。

⑤ 断网式专注：

我有几个完全断网专注学习时区：

- 辞职之前，上下班路上 2 个小时的时间，完全断网学习；
- 早上早起的时间，完全断网写作、阅读和跑步；
- 晚上进入卧室前，手机断网放在客厅充电；
- 陪伴小孩时，尽量断网高质量陪伴宝宝。

所以，我身边很多朋友会发现我常常有规律的消失了，断网式专注，找回只属于自己的注意力。

⑥ 留白式专注：

无论坚持任何一种能力，都会有疲惫感和厌倦感。我会给自己 20% 的空白期，状态真的不好时、有急事无法如期断网时、很想专注但是还是看不进去一本书时，我对自己说：亲爱的，你累了，要不起来吃块蛋糕、喝杯蜂蜜柠檬水、看个好玩的视频？

⑦ 认知升级式专注：

比起专注力的各种条条框框，最高级的认知升级式专注是：以结果为导向反复确认自己正在做的事。

- 看完一篇文章，觉得很好却发现自己什么都想不起来，带着这一次一定要有所收获的目的重读一遍；
- 刚刚好像听到了一个很好的观点，没有听明白，带着好奇心再听一遍。

有目的式的专注学习，是最为高效的做事方式。

以上所有都是可行性极强的方法，任何人都可以按照列出来的方法直接行动。如果执行的方法到位，你能很快看到效果。但是如果想看到很大的变化，拉开自己与过去、他人的距离，你需要持之以恒地坚持。

于我自己而言，我每天都有至少 3 个小时以上的专注时间，一次次的专注，让我的大脑得到了非常快速地成长，潜能被大大开发，回报也很可观，对许多事情的兴趣也越来越浓厚，生活进入了无限的正向循环状态中。

## 4. 常态时间：为你的不同场景找到定向的精进方式

如果说专注时间是拉开自己与过去或者周围人差距非常重要的时间块，那常态时间就是人人每天都会遇见的时间状态。比如：

- 每个人都有上下班通勤时间，可是不同人使用情况差距巨大：睡觉、发呆、打电话、刷屏，千人百态。
- 除了很明显的通勤时间，其实我们还有大量的时间是每天都需要重复进行的，只是我们并没有意识到。
- 这些常态时间场景有很明显的特点，我们应该如何更好地用好它？

因此，常态时间可以进行如下定义：

- 每天需要重复做的事情所对应的时间；
- 没有严格的时间范围限制；
- 具有比较特殊的场景形式，比如前面提到的通勤时间。

明确定义后，结合大家会遇到的三个常规事件、时间值、场景形式，最优方案、精进方式等维度，分享我的方法给大家：

### （1）通勤时间

① 时间值：5 ～ 90 分钟不等，建议如果单程超过 90 分钟，考虑更换住处或者工作，长期把时间消耗在路上，即使做的事情再有意义，也会有累积的疲惫感。

② 场景形式：走路、骑单车、坐公交、坐地铁、打车（拼车）、

坐定制巴士、自己开车。我个人每次更换上班的地点，首要做的事是把所有可行的上班方式进行尝试、对比，找到性价比可承受范围的上班方式、上班路线。我知道大部分人上下班只能选择公共交通工具，我也会以这种形式提供大家可用的精进方式。

③ 最优方案：最优方案并不是时间最短方案，也不是价格最便宜方案，而是价值最高方案。举一个例子：我每天单程上班的公里数是 25 公里，尝试过几种上班方式后，最后选择了搭乘定制巴士的方案，比坐地铁价格稍微贵一点、时常长一点，但是每个人都有位置、车上很安静，可以直接把常态的通勤时间升级为黄金专注时间。

④ 精进方式：比如我自己，因为选择了搭乘定制巴士，我的通勤时间自动升级为黄金专注时间，如何安排这段时间，大家可以参考本章最后一篇《清晨时间的有效利用，让我拥有了多几倍的效率》，时间块不一样，但使用时间的方式都是可以采用的类似方法。

最后，再结合大部分人上下班只能选择公共交通工具这一现状，告诉大家一个通用的精进方式：听音频。无论你是在走路，还是在换乘交通工具，无论有座位还是站着，听的方式最适合这种场景形式。

⑤ 如何能够更好地利用听的方式提升通勤时间的效果，给大家三点建议：

- 提前准备好时长合适、内容合适的音频资料：时长这块，建议比整个通勤时间略短；内容这块，建议听相对简单、不“烧脑”的内容，比如 APP 喜马拉雅里的《开讲啦》。
- 简要记下听到的关键词句：通勤时间很难做笔记，如果遇到一些知识点需要做笔记，建议快速记在有道云或其他笔记 APP 里，这里以有道云为例。

- 尽快整理听后感：到达公司或回到家后，打开有道云，尽快写下自己的听后感。

### （2）工作当中的开会、填表、做计划时间

① 时间值：20 分钟以上的开会、填表、做计划的时间，是我们需要重点优化的时间块。

② 场景形式：在工作中，我们经常会遇到低效的会议、大量的填表和做计划事项，遇到类似事情时，大部分人的反应是无可奈何地接受，其实我们有更好的方法。

③ 最优方案

a）开会：分两种情况：

如果是自己主导的会议，建议把会议流程化，定出主题，严格时间把控，每次会议前发布主题，会议中严格把控时间，会议后发布会议纪要明确本周行动计划。

如果你只是参与者，建议有侧重点地参与和倾听，不是所有的会议都需要直接参与，有时看会议纪要就够了。如果必须要参加的会议，只倾听与自己业务相关的部分，其他的内容重点看会议纪要。

b）填表：

与填表相关方进行一次填表沟通会议，明确表格的意义和每个人的填写责任；

表格的公式优化，减轻每次填写的时间；

表格的精简：删去重复、可避免的项目。

c）做计划：

与计划收取方进行一次彻底的沟通，避免提交错误计划；

不是所有的计划都需要自己来做，懂得授权项目相关人；

花时间为自己的计划做几套高“逼格”的模板，轮流使用。

### （3）健身时间

为什么要把健身时间归类到常态时间当中？因为我想提醒大家维持身体健康的重要性。

① 时间值：30 分钟以上的跑步 / 快走 /KEEP 运动 / 游泳等，都是强身健体的很好方式。

② 场景形式：

健身一般有三种场景：家里、户外、健身房。从普通的为了自己身体健康出发，户外是最佳的场景形式，因为空气好、没有多大限制随时都能进行。我最多的健身场景是在小区楼下，每天早上起床后下楼跑步是我生活的标配。

③ 这里引出一个问题，有些常态时间是生活必不可少的日常安排，我们挖掘出时间后找到最合适的生活方式即可。有些是自己期待的生活标配，并不是必不可少部分，也相对没有那么容易坚持，这种类型的事情，我们应该怎么做才能更好地形成常态时间的固定事件呢？

① 寻找意义：

见过我的人第一反应都是：你太年轻了，真的 30 多岁，真的生过孩子吗？

没错，我坚持锻炼身体的初衷很简单，我想让自己看起来比同龄人年轻，我想让自己骨骼精良；我想肉身紧致，我想让你猜不透我的年龄；我想让你先被我的气质所吸引，再被我的能力震撼。一个人能在有限的时间里完成大量的事情，精力跟得上真的非常重要，而持续地锻炼，就是精力的保证。

② 多维度行为强化：

如果你是一个人独自坚持跑步，确实很难，如果有个人陪着你一起呢？我会加入打卡群一起打卡跑步，也会拉上刘先生和我一起坚持。如果真的找不到同类，我会为自己准备一份跑步音频清单——平时没有时间听，但是又特别喜欢听的音频资料。有很长一段时间，我是被能够一边跑步一边听音频资料吸引着去坚持跑步的，直到跑步成为相对固定的习惯。

③ 最短行为路径：

前面已讲，这里不再赘述。

## 5. 闭环式学习法则：碎片化时间也能得到很好的利用

碎片化时间，你一般会拿来做什么？先看看来自企鹅智库的一些数据：

- 使用频率：94% 的用户每天登录；61% 以上的用户每天打开微信超过 10 次；每天超过 30 次的重度用户超过 36%；
- 使用时长：55% 的用户每天使用时长超过 1 小时；32% 的用户每天使用时长超过 2 小时。

如果你用的是苹果手机，点开设置—电池：可以直观地看到在过去一天及过去七天的时间里，你在手机上花了多少时间，每个 APP 所花时间的占比如何，绝对会超出你的想象。

我们总是有大量的碎片化时间，却不知道如何利用好。

碎片化时间其实可以分为两类：

- 主动碎片化时间：明明拥有整块可以进行专注的时间，却因为懒惰、自控力不强、累等因素，把时间进行了人为的碎片化；
- 被动碎片化时间：等待他人的时间、被打断的时间，这是一种无可奈何、无法避免的碎片化时间。

下面列出的 12 件事，原则上更加适用于第二种情况，面对第一种情况，我们需要做的是增强自控力，升级自己的思维模式，了解注意力的重要性，从而好好利用长块的时间进行专注。

| 时间<br>事件 | 15 分钟 | 10 分钟 | 5 分钟 | 3 分钟 |
|---|---|---|---|---|
| 事件 | ① 与音频相关：听一篇 Ted 音频；听喜马拉雅 APP、得到 APP10 分钟左右的音频……<br>② 与阅读相关：10 分钟完全可以看完书籍的一小段，并且做一个小结；培养自己快速阅读电子书籍的习惯和能力；<br>③ 与文案相关：构思一份文案，甚至是直接开始着手写一篇文案。 | ① 与关系相关：主动联系你人际关系清单里想要联系的人，利用十分钟的时间打个电话联络感情；<br>② 与阅读相关：主要用来阅读之前收藏的微信公众号文章，看完一篇 2 000 字“烧脑”长文，或两篇 1 000 字的文章……<br>③ 与写作相关：构思一篇文章，甚至是直接开始着手写下文章的框架。 | ① 与效率相关：写下当天或者明天的计划；检查当天计划的完成情况并迅速调整当天剩余时间的计划……<br>② 与思考相关：一些决定，简单画出思维导图；检查邮箱，5 分钟可以快速处理 5 ~ 10 封邮件……<br>③ 与信息相关：浏览主要的社群资料、整理资料库…… | ① 与健康相关：伸一个懒腰，活动活动筋骨；喝一杯水，走到饮水机装一杯水；拍打一下身体……<br>② 与留白相关：听一首音乐、发呆、与同事聊几句天……<br>③ 与快速学习相关：听“罗辑思维”的一分钟音频、偷听一条分答问题…… |

每个人的情况不尽相同，每个人学习的能力和处理知识的时间也参差不齐。

那么，碎片化时间如何才能被完整利用好？我有一个原则叫闭环原则。

比如：你拥有 15 分钟的时间，那么真实用来接触学习知识的时间不要超过 10 分钟，剩下 5 分钟的时间从三个维度对学到的知识进行总结。

即使是在小小的碎片化时间学到的知识，如果能够以闭环的思路进行认真对待，我们每天会比其他人多学到最少 10 个知识点。

但不是所有的时间，都需要被满满地用完，碎片化时间用来主动地、仪式感地休息也很重要！

所以，这更多是一种生活活法，大家可以从以下三个维度来进行参考、对照：

- 建立框架：为你的碎片化时间找到可以做的事情；
- 活在当下：提升利用好碎片化时间的比例；
- 规划未来：不断丰富你的碎片化时间使用清单。

找到最适合你的碎片化时间可以做的事件！然后用闭环的思维，最大化地减少时间使用的无效性！

## 6. 动态时间：从容管理时间的秘诀

先来看下面的两个场景，如果是你碰上了，会怎么办？

- 生活当中：与闺密约了 2 点下午茶，你 1 点半早早到了，一边看书一边等闺密，准备了一堆话想和她聊。然而，1:40，你接到了闺密的一个电话：亲爱的，我临时有点事儿过不去了，我男朋友要我陪他去买个礼物给他妈妈！
- 工作当中：与客户约了 3 点开会，2:30 时你还在路上，接到客户的电话说临时有事，也不给任何的解释就取消了会议。

以前的我，面对第一种情况，会劈头盖脸地把闺密骂一遍：我的时间也是很珍贵的好吗？与闺密纠结一番，弄得两个人都很不开心，自己也一直在生气，而且接下来还需要做很多事情来平复心情。

第二种情况，我会一边说好好好，一边挂掉电话后在心里骂他几百遍，甚至会打电话回公司抱怨。

因此，动态时间可以进行如下定义：

- 该时间状态不由你单独决定，由至少两个以上的人共同参与；
- 参与人与事情没有任何的变化，更多是一种思维方式的转变。

应对动态时间，有以下几点建议分享给大家：

### （1）理智判断出是否属于动态时间

我对动态时间强调的是我们内心要根据时间调整自己的应急反应，即把以往面对这类情况时愤怒、不被尊重的情绪调整成理解对方的状态。

设想一下，上述例子中的第一种情况，你对闺密说：没有关系，你去忙吧，我在咖啡馆刚好可以看会儿书。我想电话另一头对方的表情肯定是由惊讶变成了内疚。

我们没有必要因为一点小事，影响了自己的心情、双方的感情，最聪明地做法是表达理解换来对方长久的尊重。

有人会说，也许对方从此就判定放你鸽子也没有关系该怎么办？很好办啊，远离她就行了，这种人不值得你交往，用这么小的成本换来一个清晰的认知，超值！

### （2）为你的动态时间准备 B 计划

什么是 B 计划？当你动态时间要做的事情无法接着进行时，同样的时间和环境，你可以马上进入状态去做的事情。

被闺密放鸽子，既然时间已经安排出来了，那就利用接下来两个小时的时间好好看一本随身携带的书吧！

被客户放鸽子，那就马上在附近找个咖啡馆，拿出随身携带的手提电脑处理工作清单当中合适时间的工作项目吧！

为什么需要 B 计划？因为我们每个人都是有正常情绪状态的人，比起纯粹逼迫自己放弃对对方的不爽感受，你有一个可以转移自己注意力的替代计划，效果会好太多。

动态时间除了让我照常珍惜自己的时间之外，坚持践行了一段时间后，我发现自己的情绪状态稳定了很多，对人、对事宽容，反而得到了更多回报。

连自己都不喜欢被对待的方式，别人也一样不会喜欢。动态时间让我更多地站在对方的角度思考问题，更重要的是我的内在力量也得到了超出预期的积累。

## 7. 暗时间：连自己都无法察觉原来可以被使用的时间

第一次听到暗时间的概念，是来自刘未鹏《暗时间》这本书。

百度百科里对暗时间的定义如下：暗时间简单地说就是思维的时间，也就是没有产生直接成果的时间。一个人走路、买菜、洗脸洗手、坐公车、逛街、出游、吃饭、睡觉，所有这些时间都可以成为“暗时间”，你可以充分利用这些时间进行思考，反刍和消化平时看的和读的东西，让你的认识能够脱离照本宣科的层面。

我对暗时间的理解与百度百科有一些区别，只要符合以下定义，都是很好的暗时间范围：

- 你从前没有察觉到的时间；
- 察觉到后可以被有效利用的时间。

严格意义上来说，后者比前者重要许多倍。这就像是，如果你发现了很多道理很有用，但你就是做不到，与其这样还不如不知道来得痛快！

什么类型的时间，可以被归类为暗时间？

- 生活常态时间：刷牙、吹头发、走路、上厕所等时间；
- 状态切换时间：从一个角色切换到另一个角色的时间，从做 A 件事到 B 件事的时间；
- 进度条时间：当你计划做一件事的时间是 1 个小时，结果 3 个小时过去了，事情还没有什么进展，整个人陷入无法自拔的“死磕”状态。

暗时间当中的生活常态时间最适合做什么？最大的特点是可以多任务进行，以吹头发作为例子，我们还可以做以下事情：

- 听音频：带上耳塞，一边吹头发，一边听音频。正常情况下每天早上我都会跑步、洗澡和洗头，最初没有发现吹头发这块暗时间之前，每次吹头发都觉得是时间的浪费，开始听音频，每次都能从容而愉悦地把头发吹干。
- 构思文章：很多人会说，我没有完整的时间来写文章，如果你能养成随时构思文章的习惯，等到你真正下笔时，1 个小时之内就可以写完一篇 2 000 字以内的文章。试着每天起床后看一眼写作灵感库，在空闲的时间做一些构思吧。
- 发散思维：创造力不同于专注力，专注力需要相对高要求的标准，创造力反而更容易产生在一些零碎放松的时间里。有很多的大佬会在想不清楚一个问题时，选择去悠闲地散步，很多的创新思维就在类似的场景当中诞生了。

以上是暗时间当中的生活常态时间可以进行的多任务清单，但并不代表所有的此类暗时间都要被 100% 充分察觉和应用。在状态不好的情况下，你可以选择发呆、放空，状态好想学习的情况下，就可以好好利用起来。

针对人人每天都需面对的状态切换时间，给大家以下建议：

① 训练自己快速进入状态的能力：

因为每天都有大量差别很大的任务需要完成，除了提高自己做事的效率，快速进入状态的能力也能让你在最少的时间里做最多的事。

② 降低情绪化对自己的干扰：

如果把一天的时间分为五份，比如我们醒着可利用的时间为

10～14个小时，其中有多少的时间，你花在了与情绪相关的事情上面。懊恼、后悔、无聊、生气、抱怨……

面对情绪状态最错误的两种做法是：

- 拼命克制，表面风平浪静，内心波涛汹涌；
- 无限制发泄，明明是一件很小的事，因为把握不好情绪状态，最后发展成了无法控制事件。

有情绪是正常的，发现后坦然接受，找到适合自己的情绪纾解方式，让内耗降到最低而不是被情绪死死控制，才是最好的状态。

③ 每次只做一件事：前面提到，在暗时间当中的生活常态时间特别适合一心两用，这里要强调的是在切换自己的状态时，我们的注意力一定要放在手头上的那件事当中，一件一件地完成，才能保证切换状态效率的最大化。

④ 利用仪式感实现快速转化：如果长期保持一件一件事的节奏，极有可能会精力不济，在这种情况下，我会通过喝杯蜂蜜柠檬水、站起来活动身体等方式，让自己满血复活，继续高效地接受下一个任务。

而进度条时间，也是常人极其容易忽略的一种状态，这里以写作为例，给大家一些启发：

① 为你的写作准备 BCDE 计划：

很多人很好奇，我是如何做到在非常忙碌的情况下，还能保证每天写作。因为每天我都会为自己的写作准备至少3个以上的主题，如果第一个写不下去，就换第二个、第三个……大部分的情况下，第一个主题就能写完一篇文章，少量情况下，换一个主题就能把一篇文章写出来，极少数情况下会写到第三个以上的主题。同时，写不完的文章，可以过两天重新拿出来，往往会有不一样的灵感涌现。

② 给自己每天的写作设立底线时间：

我从来不会在面对主题毫无灵感时一直“死磕”不放，比如我给自己的写作时间是两个小时，两个小时过去了没有什么进展，我会果断放弃写作转做其他事情。

③ 完成比完美更重要：

一篇文章不是写完了就可以直接发布的，往往需要多次打磨修改。通常情况下，当文章写到超过一半时，我也会逼自己一次性把文章写完。再找时间修改润色，往往一篇相对满意的文章就写出来了。

暗时间是很奇妙的一种时间分类，很多人第一次听到这个概念时，拍腿叫绝，意识到自己原来还有很多的时间。从现在开始，察觉你的暗时间吧！

## 8. 无效时间：一句“够了”就够了

以下几种状态，你熟悉吗：

- 情绪化时间：在工作的时候，莫名其妙被老板骂了；与亲密的人因为一些问题有分歧，进行了很激烈的争吵。整个人处在极度不爽的状态中无法自拔。
- 无所事事时间：上班的时候忙了一天，事情完成得差不多了，老板又不在办公室，无聊地逛淘宝、与同事闲聊中。
- 刷屏时间：上了一天的班很累，下班后先刷个屏再学习吧，结果一发不可收拾，微博、微信、今日头条统统刷完还抑制不住地想要继续刷，越来越焦虑。

在过去，我会间歇性不分时段出现以上几种情况，等到意识到这类情况对自己没有任何意义时，我曾经焦虑和否定了自己很长一段时间，在漫长的探索之旅当中，我渐渐意识到这类时间属于无效时间。

划出这个时间分类时，有点忐忑，什么叫无效时间？我来说说自己的定义：

- 影响自己产生成果的时间，比如前面提到的情绪化、刷屏、无所事事的时间；
- 长期处在这种时间状态下容易物极必反的时间，所以匹配该类时间最适合的词为：够了。

### （1）什么是“够了”

- 情绪化时：可以情绪化，但是不让自己无止境地情绪化下去，而是给自己一个情绪化截止时间。比如说很后悔刚刚做的一件事，那就给自己 10 分钟的后悔时间，到了 10 分钟后，想办法转移自己的注意力。

- 无所事事：如果你拥有写任务清单的习惯，直接拿出任务清单挑一件事来做；如果你没有写任务清单的习惯，找一件手边的事先开始做起来，比如说打开微信读书 APP，挑一本书来看。
- 刷屏时：打开手机的同时，看一眼时间，提醒自己刷 10 分钟就好了。

### （2）为什么需要“够了”而不是完全 say no

如果完全 say no，短期时间内凭意志力也有可能控制自己不再去做类似的事情，但是长期来看，会让自己有一种不被满足感。当人有不被满足感时，坚持做一件事的难度会大大增强。面对这种时间状态，给自己“够了”的概念是最好的方式。

### （3）“够了”有什么巨大的好处

既满足自己的小我，又符合兴趣曲线图。

什么是兴趣曲线图？研究表明，我们在面对许多事情时，一开始的兴趣是最足的，随着时间往后推移，兴趣会慢慢降低甚至产生负面的情绪。

大家回想一下自己过往刷各种社交媒体的经历，一开始兴致勃勃，一段时间后发现朋友圈、微博等最新内容已经刷屏完毕，开始进入强迫症刷屏阶段，到最后反而整个人精疲力竭。

采用“够了”的形式后，我的内耗减少了很多，整个人处在很好的精进状态中。

## 9. 清晨时间的有效利用，让我的效率提升了数倍

美国科技博客 Business Insider 发表文章称，据雅虎财经专栏作家吉姆 - 希特林( Jim Citrin )进行的调查显示，早起是CEO们的一个共同特点，而且他们通常将此称为一种工作方式。许多科技界大佬们的睡眠时间都很短，而工作效率却都很高。

这些年，学习风盛行之余，越来越多人重视早起，把早起当成了一种新的生活方式。

我们先来看看，这些科技界大佬们是如何高效开始自己的一天的：

### 苹果 CEO 蒂姆 – 库克（Tim Cook）

据美国博客网站 Gawker 的莱恩 - 塔特（Ryan Tate）描述，库克早晨从4: 30左右开始收发电子邮件。5点通常在健身房锻炼，而且人们称，他总是第一个到办公室。

### 斯蒂芬 – 乔布斯（Steve Jobs）

乔布斯生前也习惯早起，他通常早晨6：00左右开始一天的工作。

库克早起的习惯可能也是受到了乔布斯的影响。乔布斯曾向库克讲述了自己在1999年那段时间的生活，他说："我每天早晨6点起床，在孩子们起床之前工作一会儿，孩子们起来之后，我陪他们一起吃早餐、做功课，然后再看着他们去上学，之后我也得动身去上班了，我通常9点左右到公司，这样算来，我早上在家能工作大约一个半到两个小时。"

## AOL 的 CEO 蒂姆－阿姆斯特朗（Tim Armstrong）

阿姆斯特朗通常早晨 5:00 就开始了一天的生活，他曾向《卫报》表示自己早晨 5:00 或 5:15 起床，在 7:00 左右开始查阅邮件，期间的两个小时，他通常会晨练和阅读、与自己的女儿聊天。

阿姆斯特朗说，“我是个觉少的人，生活如此精彩，大好时间怎能用来睡觉？”

最近从知乎上新学习到的一个关键词概念——意志力：

意志力居然是消耗品？

创造力思维、做规划、专注做事都需要花费意志力资源。而意志力一旦用光，大脑就自动罢工：效率下降、开始拖延、工作质量不尽人意。

但意志力就像肌肉一样，通过努力去做自己不喜欢的事情，就能像锻炼肌肉一样增强自己的意志力。

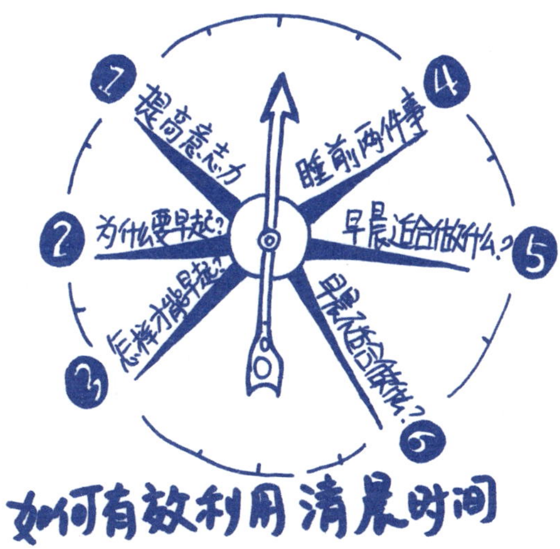

### （1）如何才能提高意志力

① 正向思考：积累尽量多的意志力资源。

- 身体的良好运转：坚持身体锻炼、保持充足睡眠、坚持定时健康饮食。锻炼 1 个小时能提高一些意志力上限，睡满 8 个小时和吃饱饭都能给意志力充电；
- 积极的人生态度：有一群正能量的朋友、有一个正面的榜样、相信自己通过努力能够改变。

② 反向思考：减少意志力资源的消耗

- 培养习惯：建立习惯、强化习惯，善于利用工具培养习惯；
- 减少大脑的决策：找到与自己沟通的最短有效路径，如：问自己今天跑步 3 公里还是 5 公里，而不是今天要不要跑步；
- 或者至少不讨厌你自己做的事情：做不喜欢的事情会大幅消耗意志力，要么试着喜欢你正在做的事情，要么换喜欢的事情去做。

意志力对习惯的形成与坚持有莫大的帮助，我们应该通过特意的训练提高自身的意志力。

### （2）我为什么要早起

我真的不想说："清晨的时间是一天中精力最充沛、注意力最集中的时间，一定要利用好这段时间！"这种从哪里都可以看到的话，我只想说，我身边几乎所有略有成就的人，都是能早起并很好地利用早晨这段时间的人。早起于我而言最大的意义在于：用正确的方式打开新的一天，当大多数人在 9 点才正式开始新的一天时，你已经完整而高效地度过了很长一段时间。

### （3）怎样才能早起

分答收到一条的提问：请问 Angie，我坚持 5 点早起一段时间了，一开始很不错，可是这两天真的很难受，一整天都没有精神，有时候还头晕、想吐。

我是一个绝对的行动派，也常常倡导大家，如果你认为对的事情，要毫不犹豫地去做。但快速去做，并不代表你速成。

这两者的区别在于：

- 快速去做：你开始有行动，一步步靠近目标；
- 速成：一步到位，直达结果。

就拿提问者来说，她想要的是速成。然而速成的结果是原本她的正常作息是每天凌晨 1 点入睡，8 点起床，听了早起的好处后，一下子变成每天凌晨 1 点入睡，5 点起床。

这样的自我计划，最多坚持一周，亢奋期过去后，前功尽废，身体也完全适应不了。

早起，需要注意以下几点：

① 养成早起习惯最为简单的一个办法：

每周对比上一周设置闹铃提早 5 分钟响，听到闹铃响后马上起床，慢慢过渡，身体适应起来毫无压力。

② 重视时间的质而非量：

时间的量多量少并不是重点，即使只有 20 分钟，也足够起来写一篇晨间日记，最重要的是行动！如果你确实无法早起，把自己醒着的时间高效利用好，比勉强早起重要太多。趁早潇洒姐，从不早起，但是她每天醒着的时间常常是无比高效地被利用得很好！

③ 早起的同时意味着早睡：

每个人所需要的睡眠时长是有一个数量的，比如 L，她需要 7 个小时的睡眠时间，如果想要每天早上 6 点起床，她需要把自己的睡觉时间同步调整到晚上 11 点，才能够拥有足以支持一整天活动的精神。

④ 如何早睡：

我的正常作息是每天晚上 10 点开始准备睡觉，11 点左右入睡，早上 5 点半左右起床。

如何才能成功早睡？比如你需要在晚上 11 点左右睡觉，最佳做法是提前一个小时洗好澡、做好所有的家务，10 点开始进入房间看书或者是看电影，尽量不要把手机带入卧室，也不需要关注时间，看书或者看电影到困的时候，关灯睡觉。因为你早起的时间是固定的，而你每天所需要的睡眠时长也相对固定，采用这种方式，你的入睡时间会渐渐也固定下来。

### （4）睡前做两件事

① 用保温壶准备一杯温开水放在床头，起床后马上喝水，对健康有好处的同时，可以缩短清醒时间；

② 为明天做好准备和规划，提前一晚把要做的事情列成清单，起床后直接按清单做事。

### （5）早晨适合做什么事情

早起后做什么，比你养成早起的习惯更重要！我的计划是做重要而非紧急事件，列一个清单，收集属于你自己的所有重要而非紧急事件，以周或者月为单位，每天早上起床后，从清单里挑两件事情来做：

① 写晨间日记：提前建好晨间日记模板，可以包含昨天小结、并写下今天的 To do list；

② 锻炼身体：跑步、用 KEEP 来塑身、瑜伽、快走，每次只选一项，比如说跑步，提前一天把跑步的鞋子与衣服准备好；

③ 写作：每天写千字文，早晨是捕捉灵感最好的时机，爱好写作的你，试试早起，会有意想不到的收获；

④ 阅读：总是能听到大家抱怨说没有大段的空闲时间进行阅读，而早晨是最为适宜的晨读时间，根据自己的喜好，找一些适合早晨阅读的书籍，比如蒋勋生活美学系列，李欣频灵修系列，痛快读上一段时间，再给自己 10 分钟的时间，写几句总结；

⑤ 学习英文：还记得年少时，那些晨起背诵英文的早读时光吗？重来一段不辜负逐渐年长岁月的英文时光吧；

⑥ 冥想：参加了禅修课程后，逐渐养成了冥想的习惯，明显感觉心绪清净不少，试试也无妨；

⑦ 抄书：打开道德经，拿起笔和纸，抄写一段也许自己都看不懂的古文，抄写百遍，其义自现；

……

### （6）早晨不适合做什么

珍爱早晨的时间，从远离手机开始。只刷 5 分钟朋友圈、只看几条新闻、看看微信上谁找我了、马上进行回复……这些都是巨大的时间黑洞，别给不太清醒的自己过多的考验。

有效利用清晨时间带来的改变，只有真正试过的人才能全面体验，然而世间的大部分事，缺的从来不是技巧，而是真正意义上的行动，从看到这篇文章开始，试着早起并且有效地利用清晨的时间吧。

小互动：欢迎关注我的公众号，到我的后台留言你的读后感。

1. 按照时间管理分类原则，寻找你的时间痕迹。
2. 你的专注力如何，如果不够好，接下来计划怎么做？
3. 如果你也准备早睡早起，你的行动计划清单是什么？

答：

# 第6章

# 正确投资你的时间，成为有价值的人

## 1. 提高价值，从识别你的时间伪自由开始

什么是时间伪自由？请看下面的例子。

小A同学，工作和生活都相对自由，拥有绝对可以控制的时间比较多，每天把时间用来刷屏、玩游戏、无所事事、发呆，短期来看也没有什么不好，但总觉得生活缺了点什么，日子过得无滋无味。

小B同学，工作和生活节奏一般，拥有相对多的时间，但却总是把时间花在纠结、忧愁、后悔等看似影响不大，但严重腐蚀时间的事情上面。

小C同学，工作和生活节奏较为忙碌，拥有的时间很少，整天陷入日常忙碌事务当中，难得有时间都花在放松上面，没有时间思考效率的提升，更别谈从根本上改善现状了。

总的来说，就是拥有绝对时间的人不知道怎么利用好时间；拥有相对时间的人总是把时间浪费在无形当中；没有时间的人从来只关注表象，不从根本上解决问题。

我朋友圈的一个朋友，无论我在何时、何地发朋友圈，她的点赞或评论，总排在前三名。

我一开始很好奇，这简直不可思议啊，怎么可能办到，我发朋友圈没有任何“套路”可言，但她却能随时做到“高质量”的点赞、评论。

后来在一个公开的社交场合碰到她，终于忍不住问了她：“你把我设置为自动弹出消息提醒了吗？但微信没有这项功能啊？”

她说：“没有啊，我的工作很自由，可以随时刷屏，所以你的每一

条消息我都不会落下呢。”

她的语气和神情当中仿佛还带了点自豪：你就没有这样的时间自由吧。

如果这也算是拥有时间的自由，那我确实没有。

有多少人处在类似的时间伪自由状态下？

拥有红点强迫症，误以为拥有自由的刷屏时间就算是时间自由，沉浸其中完全无法自拔；

整天看起来很空闲，到处找人聊天，表面上看起来是谈理想、谈人生，实际上就是想得太多而行动太少；

把大部分的时间花在情绪调整上面，情绪状态不稳定、玻璃心，别人随口讲的一句话就往心里去，动不动就心情不好需要时间来平复；

选择 A 还是选择 B，看似选择困难症，实际上就是缺乏行动力；

大部分的人，就是有意无意地陷入类似的时间伪自由状态当中，让自己的人生一团糟！

- 因为刷屏刷太多，最终成为手机控完全无法自拔！
- 因为聊天聊太多，理想和人生终究是有差距的，一切不以行动为目的的计划都是耍流氓！
- 因为无法控制情绪，整个人的状态受到严重的影响，接触到的人和事物也跟着进入恶性循环！
- 因为把时间都花在了纠结上，对选择越来越缺乏勇气，可选的机会也变得越来越少！

如果以拥有时间多少来定论一个人的自由，那我绝对是一个无自由可言的人。但真实的个人感受是：我内心富足，拥有无限的自由。那么，我是如何做的？

### （1）识别常见的时间黑洞

我们并不是不想让自己变得更好，而是无法意识到时间的巨大黑洞。自从安装了 Moment APP 到手机上后，我的最大时间黑洞就出现在手机上了。当你发现了自己的时间黑洞后，你对时间的掌控感已经拥有了 50%。

### （2）对情绪说“够了”

我们都是人不是神，是人就会有情绪化的时候，真正情绪控制能力强的人，不是苛刻地每次只对出现的情绪 Say No，而是能够识别自己的情绪，并且让自己的情绪发泄掌握在可控的范围内。

### （3）让生活模块化

如果你的生活的每一步都需要做无限的选择，你的时间就会被这无限的选择所占据。试着找出可以固定下来的生活模块，让更多的时间花在更有价值的事情上面。

主动提升你的效率：每天需要花 30 分钟以上处理的事情，值得引起你的注意：你需要提升做这件事情的效率。如果你能通过花 3 个小时的时间整理出一份任务模板来，每天节省出 5 分钟的时间，也是一笔非常划算的“买卖”，但大多数的人无法想明白个中的利弊。

### （4）最长 / 最短路径说

控制力是有效使用时间的最大敌人，面对你想养成的习惯，请设立最短路径，让习惯的养成变得简单。如果是你想戒掉的习惯，请设立最长路径，阻止习惯的养成。

- 在生活当中，我是一位妈妈；
- 在工作当中，我是一名运营总监；
- 在业余生活，我拥有多重身份！

我拥有的时间比你多吗？如果没有，请别让伪自由时间蒙蔽你的整个人生！

接下来，我们来看看互联网时代最大的时间黑洞——手机，有什么更好的应对措施。

## 2. 如何避免掉入互联网最大的时间黑洞

### （1）爱刷屏强迫症

小C上了一天的班，在还没有回到家前，个人的计划安排是：今天晚上要阅读1个小时。

回到家开始各种躺，内心的潜台词是：先刷一会儿微信朋友圈吧，就一会儿，刷完我就去看书。

30分钟过去了，小C兴致勃勃地刷着屏幕，内心虽然有点小内疚，但朋友圈的各种新闻、美图确实非常抓人眼球！

掉入时间黑洞的三类人

1 个小时过去了，小 C 还在坚持不懈地刷着屏幕，内心的内疚感间歇性出现，朋友圈已经全部刷完了，微博热点也都是旧闻，但还是抑制不住地想要刷屏。

### （2）易受打扰体质

小 Y 下了班回到家，吃了点简餐，刷了会朋友圈后，开始准备看书。

看了不到 10 分钟，微信响了，小 Y 看了一眼，原来是群里大家在讨论周末去哪儿玩。

小 Y 扔下书，加入了群聊。20 分钟一下子就过去了，定下来周末的行程后，小 Y 继续拿起书看了起来。

不到 20 分钟，微信又响了，这次是同事发来信息，问明天上午开会的时间，小 Y 拿起手机回答后，又顺便刷了下朋友圈。

一看手表，居然已经 9:30 了，合上书，开始洗漱。

### （3）爱刷存在感星人

小 D 是不发朋友圈会 Go Dic 星人，吃了顿好吃的食物、去了个风景绝佳之处，都会抑制不住地想要发朋友圈。

更为关键的是，每一张发出去的图，她都需要修好几遍，往往是发一个朋友圈，就要用掉半个多小时的时间。

还非常关注有多少人点赞、评论，如果人数少了，心情还会受到影响。

我是一个普通人，以上的种种行为，我都曾经“亲自”体验过。

后来我开始研究时间管理，我的时间管理课程里提到一个概念：我与手机之间最正确的相处模式。

有了这个理论背书后，我 get 到一个点，放下手机，其实也可以有两种不同维度的考虑：

一是：真正地放下手机，把关注点从手机转移到其他事情上面；

二是：改变使用手机的方式，利用手机进行高效的学习。

这两个不同的维度，在我看来都有一些“解决方案”。

我与手机的相处模式

### （1）真正地放下手机，把关注点从手机转移到其他事情上面

- 在你的手机上安装手机使用监控软件：我用的是苹果手机，安装的是 Moment 软件，软件的监控数据，震惊了自己的神经！我是在一年前安装了这个软件后被震惊到了内伤，才开始慢慢研究了这么多与手机相处的小技巧。
- 控制自己使用手机的次数：得出监控数据后，我开始制定了严格的要求，尽量减少自己使用手机的次数。我给自己设置了一个次数高压线，只要超过了 30 次，第二天的高压线就会往下调。
- 调整自己使用手机的时长：在我看来，拿起手机并不可怕，可怕的是拿起后就放不下来。意识到这个问题后，我开始刻意训练自己，每一次拿起手机后，都会快速地提醒自己放下手机。

- 定期关闭 4G 网络或开启勿打扰模式：前面提到，小 Y 是易受打扰体质，和我绝对是同一类人。我会在上下班路上、中午休息时间、晚上回到家陪儿子外出散步时，把手机网络关闭。这样做的好处是，人为阻拦了微信等 APP 的打扰，最终多出了好几个黄金专注时间。
- 手机飞行模式：我会在晚上带儿子睡觉前完全关闭手机，并把手机放在客厅里，这样做的好处是会多出一个黄金专注时间，并且会让自己的作息变得正常。相信我，看书绝对比刷屏更容易让自己感到困。
- 把书本放在随手可拿的地方：我经常会随身携带一本书，在客厅明显的位置放一本书，在床头柜放一本书，时刻提醒自己看书而非拿起手机。

找到适合你的方式：以上 6 种方式，并非适合任何人。比如说第 2 条，多次尝试后，发现自己根本控制不了自己使用手机的次数，我就放弃了。但是第 3 种方式特别适合我，现在我每天使用手机的次数都超标，但是实际使用手机的时长却只有 2 个小时左右。以上的方式不一定适合你，但试试又无妨，也许你并没有自己想的那样地了解自己呢?

#### （2）改变使用手机的方式，利用手机进行高效的学习

- 使用手机的最短高效行为路径：把你最想使用、最值得使用的 APP，比如说微信读书、喜马拉雅等，放在最容易接触的手机屏幕位置。甚至是可以放在你惯性会点开的位置：比如说小 C 爱刷屏强迫症，就可以尝试把放微信、微博 APP 的位置改成微信读书、喜马拉雅等可以进行学习的 APP。通俗来理解，最短高效行为路径即是找到你所想形成的习惯之间的最短路线，让这个习惯的建立变得简单。

- 使用手机的最长障碍行为路径：把你最想戒掉的 APP，比如说微信、微博等 APP 藏在手机里最难找到的位置。通俗来理解，最长障碍行为路径即是找到你所想戒掉的习惯之间的最长路线，让这个习惯的建立变得更加困难。
- 手机可以用来学习的方式有：用微信读书进行阅读；用喜马拉雅等电台进行听书；用得到 APP 进行专栏学习；用有道云进行学习的输入和整理；用微博特别关注自己的几个学习榜样，进行定期的刷屏……
- 手机最适合的学习场景有：走在路上、通勤时间、跑步时可以利用手机听音频；等待别人时，可以打开微信的收藏夹或者得到 APP 进行知识的萃取；有大块而有相对安静的时间，直接打开微信读书 APP 进行阅读。
- 我每天使用手机进行学习的时间占比是：学习有 3 ～ 5 个小时，有 60 ～ 80% 的时间花在手机上，为什么我能有大量地输出，很大的原因是我利用手机进行了随时随地无缝对接的学习，并且及时把学习的内容进行要点的整理和灵感的记录。这也是我能快速写出一篇又一篇文章非常重要的原因。

## 3. 算一算，你的时间值多少钱

2015 年年底，我开始进入时间价值敏感期，常常叩问自己：如何才能最大化自己的价值。在那之前，我丝毫没有想过自己的时间价值还可以进行量化。这样的觉醒缘起于我在听一个课程时听到的一个概念：每隔两年，你就要把自己放在市场上，掂量掂量自己值多少钱。

课程结束后，这个概念久久留在了我的脑海当中，仔细一想，这样做，有非常大的意义：

- 市场反响不错：如果有好的机会，可以做一些考虑：如果原来公司确实不错，不着急跳槽，可以借势市场的真实反响找机会和公司谈升职、加薪；如果本来就有计划跳槽，这绝对是最佳的机会！
- 市场反响一般：进可攻退可守，处在中间值看起来是不错的状况，但是容易麻痹自己的神经。建议可以挑选一些机会直接去面试，通过面试官的反应，为接下来的职业生涯做准备。
- 完全没有市场：问问自己现状已经维持了多长时间？如果确实没有跳槽的打算，你除了安安心心地待在自己现有的公司，更重要的是要尽自己最大的努力吸收所在公司的能量，包括资源、人际关系、能力的提升。

### （1）如何把自己放到市场上掂量呢

- 招聘网站：猎聘网、拉勾网、智联招聘等网站都可以进行尝试（不太温馨的提示：如果你担心招聘网站上的信息会被你公司的人发现，可以尝试换一个名字哦！）

- 朋友圈：有意识地传达你在公司的工作能力。相信我，一段时间后，会有人来挖你，当然前提是你确实有能力。
- 行业活动：走出去，参加一些行业活动，在活动现场，你对自己的能力会有深刻的感受，也是结交人际关系非常好的一种方式。

**（2）借这个行为，你还可以获得什么**

- 梳理你的简历：与前一份简历做一次对比，是对自己这份工作最好的总结。
- 了解自己的价值：市场上的反馈，就是自己价值的最好评分。
- 补齐自己的不足：如果确实没有跳槽的打算，在面试时，你并不是要拿高分，而是要拿评分，并且利用面试的机会找到自己的不足，在接下来的时间进行补齐。
- 拓展人际圈：如果说毕业五年后找工作还是很难，你要开始考虑自己的职场人际关系了，可以通过参加活动、加入 HR 圈等方式，不断积累自己的人际关系。

## 4. 升级你的价值观：猜猜谁更值钱

价钱的概念，相信大家都有一定的认知，我们先来算算 A 同学和 B 同学谁的价钱更高：

A：每天收入 800 元，工作时长 8 小时；

B：每天收入 800 元，工作时长 4 小时。

我相信 99% 的人会回答 B 同学更值钱，因为 A 同学的时薪是 100 元，B 同学的时薪是 200 元。

以上述 A 同学和 B 同学为故事的主角，我们来讲几个故事，让你明白，价钱和值钱的区别：

**故事一：**

A 同学每天工作时长 8 小时，在这 8 小时的时间里，专注完成工作，业绩每个月都有增长。

B 同学每天工作时长 4 小时，另外 4 小时的时间，每天无所事事、刷屏、逛淘宝，日子看起来过得相当舒服。

请问，A 同学和 B 同学，谁更值钱？答案当然是 A 同学，因为他们拿到了相同的工资，然而成长值却截然不同。正常发展下去，一年后，A 同学和 B 同学同时跳槽，A 同学会比 B 同学拿到更高的薪资。

**故事二：**

A 同学每天工作时长 8 小时，在这 8 小时的时间里，专注完成工作，业绩每个月都有增长。

B 同学每天工作时长 4 小时，另外 4 个小时的时间，B 同学利用得很好，按照自己的兴趣和节奏，阅读与工作相关的书籍、听大量的课程，过得相当充实。

请问，A 同学和 B 同学，谁更值钱？答案当然是 B 同学，虽然他们拿到了相同的工资，然而 B 同学多出来的时间全部用在自己兴趣探索上。正常发展下去，一年后，A 同学和 B 同学同时跳槽，B 同学会比 A 同学拿到更高的薪资。

当然，现实当中还有很多的故事版本，但是这两个故事，却可以传达很多的意义：

- 你是 A 同学还是 B 同学？
- 你是故事一的 B 同学，还是故事二的 B 同学？
- 价值和价钱之间有什么样的区别？

要讨论价值和价钱之间的区别，先来区分两者的定义：

- 价值：并非由当下的价钱直接决定，是个人价值的综合体现，存在被低估、等价估值、高估三种情况。
- 价钱：如果你是一枚普通上班族，老板给你的工资即是你的价钱；如果你是一枚自由培训师，你的培训出场费即是你的价钱。

由此，引出两个概念：

- 价值是你可以直接影响的因素；
- 价钱是你只能间接影响的因素。

简单来说，你可以通过自己的方式来决定是否提升自己的价值，但你无法直接要求他人同意提高自己的价钱。你只能影响他人的决定，或者是通过体现自己的价值，让自己的价钱不断得到提升。

很多人抱怨自己刚毕业的工作太忙，没有自己的个人时间，我反而认为，下面这两个阶段，忙碌的 A 同学的价值远远大于悠闲的 B 同学：

- 刚毕业时，对工作满是期待，成为价值成长满格的 A 同学，奠定了往后职业发展非常坚实的基础；
- 换新工作时，对工作了解甚少，进行主动、大量的学习，会让你很快从一群新同事当中脱颖而出。

在以下情况，相对悠闲又是故事场景二当中的 B 同学，更容易实现人生当中质的飞跃：

- 工作了 3 年左右，成为基层管理层，学习从直接处理事务的维度中跳脱出来，给自己一些时间来学习管理相关的内容；
- 工作 5 年以上的时间，成为中高层，管理能力也越来越强，给自己一些时间来探索兴趣事件，与工作进行很好地结合；
- 工作 10 年以上的时间，成为高层，财务相对自由，开始转移自己的注意力到工作之外的事情当中，充分挖掘自己的天赋。

不同阶段，我们要做的事有很大的区别，但很多人总是以价钱为显像条件，还错误地引导自己：公司只给我这么点钱，我才不要干那么多活！这也是为什么同样毕业年限、起薪一样的同学，短短 3 年的时间，会大大拉开人与人之间的差距，如果你想成为值钱的人，就要不断地做对自己价值成长有帮助的事情。

## 5. 这十个错误的行为，避免你做错误的时间投资

很多的时候，我们不知道如何正确地做事也能提高做成的概率，反而言之，如果你能避免做一些错误的事，你的时间有效性会大大提高。

网上看到一段话：泡夜店、文身、混沌这些事情看似很酷，其实这些是一点难度都没有，只要你愿意去做就能做得到的事。更酷的应该是那些不容易做到的事，比如读书、健身、赚钱、用心爱一个人，这种在常人看来无趣且难以坚持的事情。

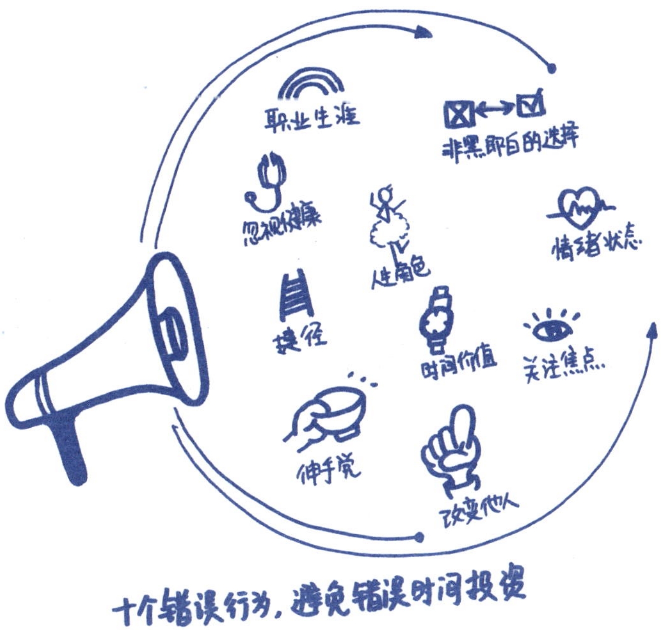

在每一个当下，我们都能体会到，做对自己成长相关的事总是会经历阵痛期，因为需要挑战一些不可能。

我们也清晰地知道，在每一个不努力的当下，都是在透支属于自己的未来可能性。

但因为现实很近，未来很远，当下的苦是直接的，未来的可能却是模模糊糊的，我们总是无法时刻做出真正正确的选择，但是避免一些错误的行为，也许能让自己与真正想要的未来之间的差距缩短。

以下十个行为，严格意义上来说，如果你能避免去做，基本能走在正确的成长道路上。

### （1）职业生涯

如果只给职业生涯一个衡量标准，那就是你所做的工作究竟有没有成长的价值。

如果连这一点都意识不到，做再多的规划都于事无补，这世上不可能有完美的工作。

但我们往往心态急躁、眼高手低，把衡量的标准优先放在待遇、工作是否开心、舒适感是否足够强上面，即使明明知道工作已经没有任何的成长价值，还是不肯接受、不愿做出改变。

### （2）非黑即白的选择

“Angie，你说我选择 A 好还是 B 好？”

我总是会开玩笑地说选择 C。

在外企工作的那段时间，事少钱多离家近，由一开始的兴奋不已到后面的无所事事，我开始想换工作。

不到一个月的时间拿到了 5 个 offer，遗憾的是每一个 offer 都没有那种让我非选它不可的感觉。

有一天午睡之后突然有了一个想法，我难道只能选择离开或者留下吗？

我给了自己一个第三选择：继续留在外企工作，开始自学项目管理。

### （3）情绪状态

如果把一天的时间分为五份，比如我们醒着可利用的时间为 10 ～ 14 个小时，有多少的时间，你花在了与情绪相关的事情上面。

懊恼、后悔、无聊、生气、抱怨……

面对情绪状态最错误的两种做法是：

- 拼命克制，表面风平浪静，内心波涛汹涌；
- 无限制发泄，明明是一件很小的事，因为把握不好情绪状态，最后发展成了无法控制事件。

有情绪是正常的，发现后坦然接受，找到适合自己的情绪纾解方式，让内耗降到最低而不是被情绪死死控制，才是最好的状态。

### （4）关注焦点

曾经受邀一个平台做了一场线上收费分享，开始分享不久，平台的评论区出现一段话：讲的是什么呀，我怎么觉得什么都没有听到。像是一种连锁反应，陆陆续续有人出来抱怨。

很快，另一群人开始发声：我很喜欢老师讲课的风格和内容，老师你别听他们的，我支持你。依然是一种连锁反应，大批人出来支持我。

且不说我讲得好坏，今天是想聊聊关注焦点这个问题。

如果你判断自己吃坏了一口食物，是忍着一边抱怨一边吃完还是吐出来？

如果桌子上有一堆食物，你是挑看起来好吃的，还是明显是变质的？

那些看起来不好吃的，你别吃就是了，享受那些美食不就好了吗！

不喜欢就放弃，不确定就试试，喜欢就揽入怀中！

就那么简单，我们的注意力那么珍贵，不要总是死死盯着别人的缺点、腐烂的食物，美好的东西都还尝不够、看不够、欣赏不（过）来啊。

### （5）改变他人

你最喜欢的那个执子之手、与子偕老的伴侣，结了婚后，是不是有一万次想不明白当年为什么会嫁给他 / 娶了她？

所以你想尽办法想改变 Ta。

到头来对方不但一点变化都没有，两个人的关系还变得特别差。

假如生活不能让你满意，期待别人有什么改变之前，可以先让自己成为那个改变。如果你也不想做出什么改变，至少可以学会调整让自己满意的标准。

### （6）“伸手党”

通俗点来说，就是想通过他人获得某个问题的答案而不自己进行思考。更有甚者，理直气壮地向别人索要他人的成果。这个成果不一定是实际物体，有时候也可能只是一个简单的确认。

伸手党们会认为，这是一种理所当然并且最为省时省力的事，甚至还有人觉得自己这样做很聪明，自以为用了最快的方法解决了问题。

看看伸手党的思维，好像大脑能想到的就是如何向别人索取，或者是向谁索取。这样的一颗大脑，可被利用的空间真的非常有限！

当个伸手党伸手时固然容易，但请注意，你伸出的手多了，到你醒悟想收时，都未必收得回来！

### （7）捷径

捷径不是找出来的，是走出来的。

把更多的时间花在踏实地读一本书、看一部电影、向一位智者请教，而非心急火燎地到处寻找他人怎么能更快速地读完一本书。

书是读完了，你的理解速度跟不上，也不知道如何应用，才是对时间的最大浪费。

### （8）忽视健康

熬夜、胡吃海喝、不运动、生闷气，这些事情做起来很容易，当下也看不出什么危害，给这些行为长一点的时间，就会有“回报”了。

肥胖、爬个楼梯气喘吁吁、失眠……这所有的一切都会影响你的状态。

由此也引出一个问题：很多的事情，是没有办法短时间突破的。

你可以短时间内写完一篇文章，却无法短时间内提升自己的健康指数。

养成每日做一点点的好习惯，无论是身体、阅读，还是投资，都会有意想不到的收获。

### （9）时间价值

我们往往从不思量时间的价值，从而总是把时间花在毫无价值的事情上面。

向你要 100 分钟和 100 元，你会给我什么？如果是 100 分钟和 1000 元钱呢？

你的时间和内心价值的临界点在哪儿，就是你所能意识到的时间价值范围。

给自己一个时间价值线，是该花时间自己做，还是花钱去换时间，内心要有一个明确的标准。

### （10）人生角色

收到一个大学生想成为我的助手的申请，给我留言写了很多很多的内容，基本是在表达她具备哪些社群管理的经验。

我问了一句：你的学习成绩如何？

她说：上学期挂了一科。

我是一位妈妈，无论多忙，还是会花很多的时间在育儿上面，这是我相当重要的人生角色。

先是一直秉承着无论多忙都要把宝宝带好，后是家里人体谅我的忙碌开始主动分担我的很多事情。

我们一定要知道，每个阶段我们重要的人生角色是什么，并花时间和精力把这些人生角色做好。

你不喜欢的事情，就不要再浪费时间在上面，想尽一切办法尽快远离它吧。

## 6. 正确投资自己的时间，拥有 100 分人生价值观

一个人如何才能过上满分人生，这并不是太简单的问题，即使做得再好，仍然只会是比上不足比下有余。

- 100 分人生，是需要内在拥有对欲望的掌控感，不随着获得的增加而无休止地膨胀自己的欲望！

2016 年 1 月，我开通了自己的第四个公众号（没错，在那之前，我做失败了三个公众号）。

2016 年 5 月，我开通了自己的第一期时间管理特训营，30 分钟的时间，涌入了 200 个报名的小伙伴。

后来，我的人生像开挂了一样，机会越来越多，欲望也越来越膨胀。

2016 年 11 月，我停了一期职场特训营，少了 5 万元的收入，但我整个人的状态很好。

这是一种敢于喊停的勇气，这更是对欲望拥有足够掌控感的表现！

- 100 分人生呢，是外在符合一定的世俗标准，从而获得相应的肯定。

在很多情况下，我都推崇向内看，为什么这一次，我又把向外看作为了重点？

因为，过于自嗨的情绪，会让自己处在封闭的状态，停止向前的步伐。

我们不能太过于自我，所以，我们要知晓外界世俗的一些评判标准，但我们更需要识别真伪标准的能力：伪标准只会让你的心态更加的浮躁，远离 100 分人生；真标准才能真正引导自己进步！

- 100 分人生，是在每一次面临选择时都无比笃定，即使事后发现自己选错了也丝毫不会懊恼。

选错有什么关系，也是为自己的未来能做出对的选择增添多一点经验。

我们的每一次选择，除了选择本身带来的结果之外，更加难得的是锻炼了自己的选择感：比起畏畏缩缩总是做不出选择，拥有选择感，更加容易在未来的多次选择机会时，遇见那个又大又对的机会。

- 100 分人生，是容许自己只能达到阶段性的平衡，而不是 360° 无死角、全方位平衡！

每个人生阶段的平衡，简单来说就是挑出重心，重心做好了，其他兼顾得到就好。

如果你有足够多的阶段重心，这样的累积有可能让你在需要处理多个角色时，因为每个角色都曾经被认真对待过，反而能够达到多面的平衡。

- 100 分人生，是知道每一件事，只能从最小处着手做起，才有机会量变引起质变的人生。

【分答】大家都知道，是提问者问出一个问题，回答者用 1 分钟的时间回答问题。

明知道 1 分钟不可能说多少内容，还是有提问者会问 N 个问题，每个问题还需要坐下来聊很久才能聊透彻。

为什么会这样，因为我们很急躁地想在短时间内找到秘诀、找到捷径，一口气把所有的事做到极致。

如果一开始就把眼光放得很大、很高，事情得不到进展是小，让自己丧失信心是大。

这世上大部分属于你的路越难走，你就越有机会走出未来人生捷径之路。

- 100 分人生，是去（掉）你的完美主义，什么事先开始再说，在做的过程中不断地修正自己。

你永远都做不好全面的准备。

做一件事情，通常情况下需要人、物、时间等要素，而这几个要素准备齐全，并不是一朝一夕的事。

面对完美主义，要么去它的！要么聪明地把事件分解成一个个最小可行性目标，把完美主义用到完美完成这些最小目标上面。

什么是最小目标，简单粗暴的理解是，把事件分解成拿起来就可以完成的小小目标。

- 100 分人生，是大部分时刻的克制，换来重要时刻任性的资本。

我的体重只有 90 斤，在平常状态下，每天晚上我都会克制自己的进食量，有两个原因：

① 晚餐本来就不适合吃过饱，容易丧失头脑的清醒；

② 平时的克制，是为了去吃大餐时有任性的资本。

这是一个有关吃的很肤浅的例子，那么其他呢？

比如锻炼身体，是为了持续忙碌状态下能有很好的精神状态；

比如别人在娱乐时，你在为自己的梦想努力奋斗。

克制是痛苦的，但没有克制的对比，你就不会了解到克制后拥有更多可能的感受。

- 100 分人生，是逐渐让大脑和身体适应更高的强度，别人的挑战，却变成自己的小菜一碟。

很多人不理解，我为什么情绪管理能力那么强？

我的大脑和身体因为经历过一段时间情绪的折磨，加上因为我了解自己的情绪，也知道情绪发展的行为模式，更加知道如果毫无克制地去发泄情绪，结果只会更糟。

对其他人来说很难的情绪管理，我却能把这件事变成是自然而然在做的事情。

- 100 分人生，是每天都有属于自己的独处时光，并且能意识到独处对专注力的重要性。

独处时光。是上下班时，你只能听到你耳塞中音频的课程；是作为一个妈妈，宝宝午睡后，给自己冲一杯花茶，阅读一本东野圭吾的小说；是每天晚上宝宝睡着后，看一部电影直到沉沉睡去。

我的100分人生

你得有自己的独处时光，并且在这样的时空里，完全专注于自己想做的事。

这样的时光越多，你遇见、升级自己的可能性就越大。

- 100 分人生，是做自己热爱的事，从中获益，还能激发自己内在的天赋。

我最大的梦想清单，就是在做自己热爱的事，还找到了变现通道，并且激发了自己内在的天赋。

还有比这更棒的人生吗?

所以，我的人生，配得上这 100 分。

小互动：欢迎关注我的公众号，到我的后台留言你的读后感。

1. 算一算，你的时间值多少钱?
2. 你会如何避免十个错误的时间投资观念?

答：

# 第7章

# 【自我管理】：一个人活得就像一支队伍

## 1. 一个人，如何才能活得像一支队伍

每个人每天只有 24 个小时，无论你是谁，都没有办法增加时间的绝对值。

最近这些年，我一直在探索，什么样的方法才能在有限的时间大量、高效地完成很多事，一个人，活得像一支队伍。

2017 年 3 月，我的公众号销售了 2 000 多份课。

这样的成就，对一家公司来说，也许是轻而易举的一件事。但对我这个团队来说，却是一次很大的突破，我们的月流水超过了 100 万元 + 人民币。

外界以为我们是整个团队在运作这一切，真实的情况是我们团队只有 7 个人，其中 5 个人主要运营新成立的【价值变现研习社】，我的所有特训营主要由兼职的我和还是大学生的 Emma 在全面运营。

身边很多的人知道这个情况时惊呼：我们整个团队好几个人全职在做一个特训营每天的工作量高达 12 个小时，还觉得很吃力，你们是怎么办到的？

我和 Emma 每天沟通的微信数量上百条，她照常上学，我照常上班，和各大平台的合作、转载、内容创作、互推、广告等自媒体存在的一切形式，我们通通在做，然而这一切也都有条不紊地进行着。

### （1）有两个非常重要的方法

第一，我们只做重要而非紧急事件，所有的一切，都至少提前一天完成。

第二，遇到紧急情况迅速沟通，用影响最小的方式处理好了就让事情翻篇不纠结。

这两个原则，让我们两个人配合在一起，一个用职场高管的身份、一个用学生的身份兼职完成了大大小小的许多事情，虽说也会有些小小的不愉快，但总体来说，一切进展得非常顺利。

### （2）如何只做重要而非紧急事件

2017 年 3 月初的一个晚上，在我平台合作讲课的 A 老师发了一条信息给我：明天我们推最新一期训练营的文案吧。到了晚上 10 点还没有等到 A 老师的文案，第二天原本 8 点公众号要推文，而文案 7 点多才发过来。又因为临时出了些状况，那天的文案最后在 11 点才发了出来，发出来后我给 A 老师打了个电话，告诉她今天的效果应该不会太好，因为太着急了，很多东西都没有准备好。

果不其然，那天的效果非常差，我们约好下周再发一次文案。

到了下周，A老师又是给我发来一条一模一样的信息：Angie，我们明天推课吧！这一次我拒绝了，建议她后天再推，并要求她今天之内一定要把文案给我。我们利用半天的时间反复修改文案，做万全的准备后从容发布，推出后当天的效果非常棒。

只做重要而非紧急事件最直观的标准是：所有的事情都至少提前一天做好全面的准备。

这样做的好处多多，除了可以准备得更充分外，如果有一些意外状况的发生，你丝毫都不会觉得焦虑。

如果你一直处在救火状态，每天的精神高度紧张，很多原本可以做好的事情，质量都会大打折扣。

大部分的人，每天的状态是总在处理紧急事件，这里给大家分享一张对照表格和如何才能达到重要而非紧急事件提前完成的状态。

**表格来自尹志豪《高效冠军》**

| 重要不紧急 | 重要紧急 | 不重要紧急 | 不重要不紧急 | 类型 |
|---|---|---|---|---|
| 0% | 0% | 40% | 60% | 完全迷失型 |
| 5% | 25% | 30% | 40% | 漫无目标型 |
| 5% | 50% | 25% | 20% | 忙碌大众型 |
| 10% | 80% | 10% | 0% | 工作狂型 |
| 40% | 40% | 10% | 10% | 高效人士型 |
| 50% | 40% | 5% | 5% | 高效冠军型 |

结合以上表格，看看你是属于哪种类型的阶段。

目前，我处在高效人士型与高效冠军型之间徘徊的位置，那么，如何做才能让自己接近高效人士型呢？这里给大家分享一个简单而好用的方法，步骤如下：

- 根据事情多少而定，如果你是事情特别多的人，把未来一周的所有事情罗列到一张纸上；如果你是事情相对没有那么多的人，可以把未来一个月的所有事情罗列到一张纸上，并且随时更新最新遇到的任务到这张纸上来；
- 每天，安排至少 1 个小时的时间，从第一步罗列出来的事情当中挑任务出来做。

这两个步骤很简单，在实际执行的过程中，你会遇到一些挑战，比如任务太难了想逃避，就是不想做；或者是只挑自己喜欢的任务来做……

无论是哪种情况，你需要坚持的是，每天必须有 1 个小时，只做这张纸上罗列的任务。遇到挑战时，你可以选择避开，但是把简单的任务做完后，你还是得面对，渐渐地，你会想到做一件较大、较难任务的突破口：比如把任务拆分成更小的任务、向懂得的人寻求帮助等方法。

因为每天要处理的事情非常多，难免会有处理不到位的地方。我的原则是事情既然已经发生了，不要纠结于事情本身，把所有的注意力都放在如何处理好事情即可。事情处理完毕后，大家记得下一次注意，然后让事情翻篇就好。

我对助手 Emma 有个要求：发生任何事情无须道歉，下次注意就好，千万别总是犯低级错误。

因为这两条原则，我们两个人活成了一整个团队的样子。

## 2. 5分钟，学会一个超实用的自我管理小工具

这个自我管理小工具，人人都能拥有，即打开微信APP，在搜索框当中输入自己的微信名找到自己，点击右上角出现“聊天详情页面”，打开第一行的“置顶聊天”把自己进行置顶。

那么怎么用呢?

首先，它支持多种形式：

其次，可以多维度使用：

- 记录想法：随时把自己的想法通过各种形式发给自己；
- 收藏文章：随时把看到的好文章链接发送给自己；
- 写作灵感：随时把脑海中的写作观点、框架等以各种形式发给自己；
- 学习笔记：随时把看完的一篇文章/一部电影/一本书等简版的读后感、观后感以各种形式发给自己；
- 重要资讯：随时把重要的聊天内容进行截图、重要的提醒发送给自己；

第三，还具备搜索功能：打开“聊天详情页面”，出现查找聊天内容，点击打开后输入关键字，可以找到你想要的之前收藏起来或者是文字记录的任何内容。

下面以我为例，来分享这个工具的实用性。是怎么用的：

① 定时的复盘：根据时段的不同，会有不同程度的内容复盘。

每天早上，我会花几分钟的时间把前一天的内容看一遍、听一遍，再根据实际情况列出今天的 To do list；

每周一，我会花半个小时的时间把上一周的内容快速看一遍、听一遍，再把内容分门别类纳入我的计划总结表格当中；

每个月，我会花 1 个小时的时间，把上个月的内容复习一遍，很有价值的内容进行二次整理、遗漏的任务重新列入计划当中。

② 工具的配合：下载“电脑管家”APP，配合复盘计划，把微信当中与自己的聊天记录传到电脑当中进行整理、备份、规划。

③ 闭环的学习：起初只是单纯地想用这个工具收藏一些微信上的文章，记录一些简单的想法，但现在更多是多种维度的运用，形成一个又一个闭环式的学习。

举个例子，以前看到网上的一篇好文章，一般都是看完就忘了，现在会把看完的文章转发到自己的微信对话框当中，同时用语音或者文字的形式对文章的观点进行总结，再加上自己的一些看法，形成一个小的闭环学习。

④ 灵感的来源库：以写作为例，我最近有个昵称，叫“高产小天后”。在强压力工作、带小孩的状态下还做到每天更新公众号，并且用一个月的时间拿到了原创标签。

除了每天大量的学习输入之外，很重要的一点是我利用这个小工具实现了随时学习、随时记录自己想法、随时构思文章的可能，然后再在有大块时间的情况下，把这些零碎的内容重新看一篇、听一篇，很快便能完整地写完一篇文章。

## 3. 所谓的平衡，是每一个身份都可以给我力量

一直都在公开场合强调，我是一个处在平衡状态下的人。

那么，如何达到所谓身份的平衡呢？对我来说，以下几个思路都特别重要：

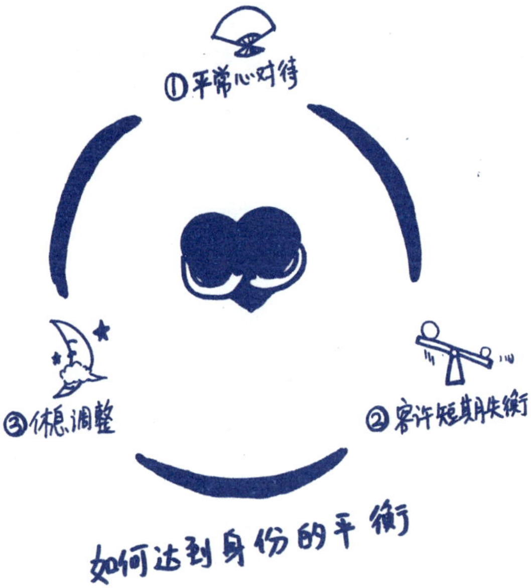


### （1）每一个身份我都能用平常心对待

比如我是位妈妈，儿子出生后，我花了很多的心思在育儿上面。在他 3 岁之前，培养他许多生活上的好习惯，现在每一次的陪伴都备感轻松。

比如我的多重身份，因为我长年保持大量的输入，现在即使输出量很大，也毫无违和感。讲课和写作对我来说，在没有过多额外要求的情况下，都能做到相对地驾轻就熟。

很多的时候，我们越是紧张某个身份，越是容易处理不好该身份所需面临的状况。试着以相对平常的心态，回归到每个身份的基本要素构成，地基牢靠了，上层建筑才能稳固！

### （2）容许某个身份短时间的失衡

每次的平衡都不可能得到长时间的维持，那么，当平衡被打破时，我们可以怎么做？

2016 年年底，我的工作非常忙碌，这让我再次思考，我是否需要脱离工作，开始我的创业或自由职业之旅。

我给了自己一个完整的周末下午去梳理自己整个工作的状态，思路渐渐清晰：

再给自己一个月的时间，接受工作导致整个状态失衡的现状；

同时挤出时间，如果未来确定脱离工作状态，现阶段我需要做什么样的准备，列出所有可做调整的事项清单。

我的内心重新开始笃定。

短时间某个身份的失衡并不可怕，可怕的是我们想不到或者没有勇气进行破局。

接受这样的现状，为未来可能出现的状态做一些内心和行动上的准备，你会重新找到方向。

### （3）如果所有身份都无法平衡，你需要好好休息与调整

如果所有身份都无法平衡，这时你需要做减法：

- 增加休息的机会，比如给自己更多的放空时间；
- 做一些自己平时没有时间做但是又感兴趣的事，比如说看东野圭吾的小说；
- 去徒步、约闺密逛街、吃块蛋糕，所有的事情都是你出自本心想做的。

除此之外，我们还能做的是，不断拓展自己的边界，即使是面临需要做减法的阶段，也能办到做了减法后比别人的正常生活状态还要正向。

试着找出每一个与自己相处得最舒服的身份吧，我们应该从了解自己、爱自己开始，让每一个身份形成正向循环：

- 找出每一个身份都必须具备的技能，进行重点的打造；
- 找出每一个身份能协助你的关键性人物，进行授权，让他们能够帮到你；
- 找出自己真正的兴趣爱好，让自己达到心流体验；
- ……

所谓身份的平衡，即每一个身份都不是消耗品，它让你能量满满、让你兴趣十足、让你无法自拔。然后，你就会慢慢爱上自己充满惊喜的人生。

## 4. A+B 式思维模式，比平衡更厉害的是生活的融合

有没有想过，我们自身并不存在多大的问题，往往是我们对待生活的态度、思维的方式因为过于固化，所以慢慢活出了问题。

### （1）身份的融合

我们每个人都拥有多种身份角色，我们的身份角色可以大致分成以下五类：

- 工作者：公司员工或者自由职业者，做与自己事业相关的工作；
- 学习者：学习知识、自我提升；
- 陪伴者：定义较为广泛，比如父母、伴侣、儿女甚至是职场上的关系；
- 家务者：包含传统意义上的家务，以及一些像刷牙一样的日常行为；
- 休闲者：健身、锻炼身体、看电影等。

那么，身份如何能进行巧妙的融合呢？我们来看看下面的表格：

| 身份组合 | 巧妙融合 |
| --- | --- |
| 工作者—学习者 | 上班空闲之余，学习工作上用得到的技能 |
| 陪伴者—学习者 | 和伴侣一起学习、精进 |
| 家务者—学习者 | 一边做家务，一边听课 |
| 休闲者—学习者 | 一边跑步，一边听课 |
| 陪伴者—家务者 | 与伴侣一起配合做饭 |
| 陪伴者—工作者 | 职场团建、家人工作两不误 |

接下来，举几个例子：

**例子一：工作者和陪伴者的融合**

在工作上，如果遇上我与刘先生都特别忙时，别说一起吃饭，有时候就连见面的时间都屈指可数。后来我灵机一动，为何不把【在行】一对一约聊的地点改到刘先生公司附近，那样我们就可以一起吃晚饭了，吃完饭他继续回去加班，而我则去赴约。

**例子二：陪伴者和学习者的融合**

想到前段时间火得不行的日本女医生吉田穗波，文中说到她的一个生活片段，有一个特别想听的讲座与照顾小孩的时间有了冲突。后来她选择听了 45 分钟的讲座后赶回家去照顾小孩，所以讲座也听到了，小孩也得到了很好的照顾。

就拿这件事而言，如果到了现场发现讲座真的非常不错，可以做得更多一点：比如和工作人员沟通，询问有什么渠道可以获得下半场的讲座内容；再比如认识一个现场正在做笔记的人，添加联系方式，进而分享下半部分的内容给自己。

所以，调整、平衡一下自己的地点和时间，也许就能达成几件自己都想完成的事。

**例子三：休闲者和学习者的融合**

几乎每天我都要跑步 5 ～ 10 公里，并晒到朋友圈当中，于是就有人给我评论了：

“哇，你怎么有那么多的时间？”

“我的业余时间也就那么多，跑步了就没有办法看书了，好纠结啊？”

“锻炼感觉好浪费时间，随便 1 个小时就没有了！”

……

我是这么想并且也是这么做的：

如果时间不够：那就少跑几公里，但千万别犹犹豫豫，原本 5 公里跑下来也就 30 多分钟的事情，一多想，也许就变成了 1 个多小时。如果时间再少，用 Keep APP，12 分钟就可以完成一组基础训练！

谁说跑步的时候不能学习：你可以听音频、构思写作的思路、理理头绪，很多事情可以做，好吗？如果想更放松，听脱口秀也是非常不错的选择，唯一的缺点是你会边跑边笑，会让别人误以为你是女神……经。

锻炼才是真的省钱、省时间：锻炼可以让皮肤变好，脸变瘦、变小，你是不是省了护肤的时间和钱？锻炼让你的身体更好，你是不是减少了生病的时间和药费的钱？锻炼让你精力更好、效率更高，是不是无形当中可利用的时间也会变得更多？

所以，调整一下自己的思维模式，也许就能轻松找到锻炼的时间。

例子四：陪伴者和学习者和休闲者三者融合

作为一个职场妈妈，每天都要陪我儿子 3 个小时（周末全天），除了高强度的工作，还有多重业余身份，于是公众号后台不断收到妈妈们的留言：

“哇，你是怎么办到的，我每天照顾完宝宝就 10 点了，根本没有自己的时间！”

“只要我在家，我的小孩每天都缠着我，我根本无法做任何事情啊！”

……

我的回答是：“我的情况看起来真的和你很像耶。”

那么，我是怎么想、怎么做的呢？

① 户外运动：把陪宝宝和运动结合起来，如果是平常工作日下班，我会换上一套舒服的衣服，带着宝宝去散步。如果是周末，我会和家人一起带宝宝外出游玩。

② 专注力培养：不要总是“缠”着你的宝宝，而是应该有意识地培养 Ta 的专注力。我的一个朋友给我分享了她的一个小技巧：在她与她女儿单独相处的时候，她和女儿约定，各自做自己的事情 30 分钟，并且在手机上设了闹铃，30 分钟后闹铃响了再一起玩。女儿愉快地答应并很好地做到了。

③ 其他人的陪伴：尤其是你的另一半，别以为让另一半陪宝宝是偷懒的表现，每一个宝宝都需要父母共同的爱。当其他人在陪宝宝玩时，你可以做家务、洗澡等杂事，争取宝宝睡觉时，你也可以马上进入学习状态。

可能有人会说：“不行啊，宝宝就是死缠着我！”相信我，那是因为其他人不够有趣，你可以提点一下他们，让他们吸引住你的宝宝！

另外，陪宝宝睡觉的时候，你也可以听一些学习的音频。

所以，调整一下自己的心态和状态，把育儿当成一件充满乐趣的事，而不是负担、累或者沉重的责任。

什么是身份的融合？其实没有标准答案，放弃一些执念、一些固化的思维，把看起来互不相干的各类生活掰碎了糅合在一起，你会看到全新的模样。

因为，从来不是生活为难了自己，而是你是否有花更多的心思去对待它！

**（2）事件融合法**

这个方法的诀窍只有一个，用一页纸管理你当天的所有事情！

所有事情的意思是除掉你的日常行为之外的所有其他事情，比如说：

- 生活上：淘宝下单买厨房用的纸巾；
- 工作上：写完本周的工作总结；
- 学习上：阅读 1 小时《学习之道》；
- 社交上：给闺密打电话沟通参加舍友婚礼细节。
- ……

你可以在纸张上有所分类，但是要把所有的事情事无巨细地写在上面，如果上班时因为高效工作后有多出来的时间，就拿出任务清单挑一件生活上的事来做；如果下班后回到家里没有什么特别的事，状态又不错，也可以拿出任务清单挑一件工作上的事来做。

这就是事件融合法，不分场合、不分时间，把想一件事是否适合在当下做的时间，全部用来直接做一件事。

**（3）核心技能融合**

如果你还是对自己所要打磨的核心技能没有任何的想法，给你一个核心技能融合的思路。

① 时间上的融合：提到事件融合法时，有一个弊端是有些读者上班的时候是不容许做与工作无关的事情的。那么核心技能融合法特别适合你。

请罗列出那些你感兴趣、工作上又用得到的技能。

比如你是一名销售，业余时间也特别喜欢和人交流，提高沟通能力就是你的核心技能。

再比如说你是一名客服，业余时间在兼职做社群运营，提高服务意识和技巧，就是你的核心技能。

找出类似的核心技能，在时间上的好处是，即使你上班有多出来的空闲时间进行该类技能的学习，对工作能力的提升也能起到很大的帮助。

② 使用场合上的融合：时间上的融合举例子时已经说到，最好的技能是感兴趣、工作上又能用到的技能，这就是使用场合上的融合。除了老板会对你的学习状态满意之外，晚上学习到的新技能，白天就能在工作上马上用到，是对学习技能的最佳练习。

比起学习其他技能，这类型的核心技能学起来会更加得心应手！

## 5. 自我管理达人育儿新思维：原来还可以这样育儿

每次听到别人家的小朋友天生早睡、乖乖午睡、一觉到天亮，我真是各种羡慕嫉妒恨。宝宝睡眠如果不好，除了对他本身有诸多影响之外，对大人也是相当大的折磨：

- 好不容易迎来周末，可以好好地躺在床上睡个午觉，结果宝宝拖着你陪他玩；
- 下班的晚上，想着哄儿子早点睡觉，自己就可以安安静静地看书学习，结果宝宝说我不困我还要玩儿；
- 大半夜自己好不容易睡着了，不到 5 分钟，宝宝醒了；
- 周末想睡个懒觉，儿子 6 点起来问你："妈妈，早上好，昨天晚上睡得香吗？"
- ……

我真的不想长久受此折磨，迫切需要找到解决方法，可是睡前仪式、安抚等书和课程中学来的传统方式通通用过，都只能起到短期的作用，很快就不管用了。

后来我想，如果说这些问题是我身上的顽疾，我会如何一个个解决？

于是我拿出纸和笔，找一个安静的下午，把儿子的睡眠问题一一记录下来，一条条研究，列出我能想到的所有方法，一条条开始试，一个一个问题进行突破，终于找到了可行的方法：

### （1）逐步调整睡眠时间

我坚持早起已经有快一年的时间了，从一开始每天早上 7 点半起床，到现在每天 5 点半起床，我用的是逐步调整起床时间的方法：从一开始每周把闹钟调早 5 分钟，到后面每天调早 2 分钟，不知不觉，我的生物钟自然而然地适应了 5 点半起床的节奏。

我把这个方法用到了调整儿子晚睡习惯上面：儿子从每天晚上 10 点半入睡到现在 9 点半入睡，我花了两个多月的时间，每天只调几分钟。现在，他晚上一到 9 点半就困了，并且会主动要求睡觉。

### （2）在卧室外建立睡前仪式

很多妈妈和我说，宝宝确实愿意在一个比较固定的时间进房间，然后大人开始了睡前仪式：讲故事、交流、喝奶……但这条对我家孩子来说，真的是“理想非常丰满，现实却很骨感”。大部分时候，他居然在房间里玩了一个多小时还没有入睡。

我们家的睡前仪式是这样的：临睡前 30 分钟，不和他玩会让他兴奋的游戏，而是陪他堆积木、画画、读绘本，到点提醒他：“还有 5 分钟，我们就要睡觉了，你打算让这些玩具宝宝怎么陪你入睡？”意思是临睡前积木要搭成什么形状、最后讲的绘本故事是哪一个、画画要画哪个图案……

这些结束之后，就不再正面提醒他要睡觉了，而是问他：“谁给你冲奶啊？谁带你去尿尿、洗手、洗脚啊？”他会很乐意地进行安排，并且高高兴兴地做完这些仪式，然后走进卧室。进入卧室后，换好衣服、喝了奶、漱口完毕，关灯睡觉。

我们从来不会把仪式放到卧室当中，而是不断强化他的意识：卧室是用来睡觉的，只可以做睡觉相关的事，不可以玩哦！

### （3）给他一个他能理解的参照物

儿子频繁夜醒，一直持续到快 2 岁（我的崩溃你懂的）。后来，我采用了延长醒来时间的方法（与调整睡眠时间的方法一致），确实有用，但他还是会起来喝奶。

有一天，我有事回家晚了，老公在与儿子沟通晚上不要老是醒的问题时，说了一句话："儿子，你已经快 2 岁了，爸爸和你商量一下，你老是半夜醒，这样睡眠不够，今晚能不能这样，你醒了后，如果看到天还是黑的就继续睡，看到天亮了太阳出来了，就叫我们冲奶，可以吗？"

那天晚上，儿子一直到 7 点多天亮后一下子从床上起来："天亮了，我要喝奶了。"

后来，他就开始睡整觉并且有时候 6 点醒了天还没有亮又睡回去，一觉睡到了 8 点半。再后来"心机"妈妈把卧室的窗帘换成了不透光的窗帘，再根据实际情况决定当天是否要拉上窗帘……

### （4）抓住每一次沟通的机会进行巧妙地沟通

每到周末，儿子是否要午睡，成了我与他之间分歧最大的问题，依然是用了各种办法，就是不肯睡。

有天下午，我们说好午睡后要出去玩，结果到点了他反悔不肯午睡，拖到 3 点多才去睡。到了 5 点，我开始叫他起床。他困到睁不开眼睛："妈妈，我起不来！"抓住这次机会，我对他说："宝宝，你是不是要早点午睡呢，如果你今天 1 点多就睡了，你现在早就醒了准备出发去玩了呀！"看他实在是困到不行，我接着说："你再睡半个小时，妈妈再来叫你，明天就要准时午睡哦。"

第二天是周日，到了中午，儿子又不肯睡。

我抱着他对他说："你喜欢自己醒来还是被叫醒呀！"

儿子："我要自己醒来！"

我："对呀，自己醒来的宝宝好棒对不对！"

儿子："是啊！"

我："那等下你自己醒来，就大声喊：我会自己起床，我最棒！"

儿子很开心地接受了，那个中午午睡变得特别顺利。

我及时和婆婆沟通了这个方法，让她第二天也用这个方式与他沟通。一个多星期过去了，儿子每天都乖乖午睡。

### （5）处理问题前，先处理自己的情绪

在睡眠问题上，我和孩子发过很多次脾气。有时候情绪上来了，真的一点儿都控制不住，并且很容易陷入这种模式没完没了。但冷静下来，又后悔，又解决不了问题。

深刻意识到这个问题后，我给自己列了一份亲子教育情绪控制清单，上面满满地写着那些会触发我情绪开关的事件。突然觉得儿子好可怜：一个那么爱他的妈妈，居然经常会情绪失控，让他觉得没有安全感。

后来，我开始有意识地处理、控制自己的情绪，并把这些发脾气的精力、时间花在观察和想对策上面，慢慢引导他、耐心沟通，我们之间的关系反而好了很多。

另外有一个特别好的方法，每次带宝宝睡觉的时候，我会通过听音频的方式转移掉部分注意力，反而更能耐心地对待宝宝。当然，这种方法有个前提，千万别让你的宝宝发现你带着耳塞哦！

一开始总是想，我哪有那么多时间花在育儿学习、思考、实践上，但我真的这么做后，居然找到了育儿和自我管理的相通点：

原来可以用自我管理的方式去育儿，通过育儿实践又加深了自我管理的一些理解，这整个过程真的非常奇妙，可以我们都成为更棒的自己。

## 6. 过得好的人，都应该拥有的单身力

最近的网络热词里，频频出现单身力。看到这里读者们肯定满脑袋都是问号：Angie，你和我们谈什么单身力呀？

乍一看，我确实不具备谈单身力的资格，但我一直拥有的一个状态是持续提升我的单身力。

什么是单身力？网络上的解释是结了婚之后，仍然保持单身的能力。我却想把这个词进行更多维度的解读。

在我看来，每个人无论你处在什么身份角色中，都必须拥有单身力。单身力，是让一个人拥有当下最好的巅峰状态。

### -story1-

前同事 S 是大家公认的大美女，不但如此，性格还特别好、笑点很低、做饭超级好吃。在和她不是太熟络之前，我一直以为她的人生状态应该是喜欢她的人一大卡车，她只负责挑花眼。熟悉后真相居然是她的爱情之旅一直都不怎么顺利。

有一次我小心谨慎地问她：你着急吗？

S 的答案，让我瞬间懊恼怎么结婚那么早。

她说：一开始我也着急，但很快想通了，着急不但没有任何作用，还会让我变丑、变老，我想，对待我当下状态的最好方式不应该是尽可能地把生活过得更加精彩吗？

她开始细数最近做了哪些有趣的事，同时给我翻看了她的朋友圈：

- 周末和朋友去徒步；
- 周五的晚上，约上三五知己好友到家中一起喝两杯；
- 不加班又没有约朋友的晚上，窝在舒服的家里酣畅淋漓地阅读；
- 吃太多的晚上，换上跑鞋，跑它个 10 公里；
- 应邀参加酒会，拉开衣柜，挑出最满意的衣服，化个精致的妆容，踩着高跟鞋高高兴兴地出门去；
- ……

我恍然醒悟，是啊，是否有恋爱谈不是最重要的，最重要的是如果是在单身的状态，懂得如何高质量地度过单身时期！有人约时，化个妆高高兴兴赴约，没人约时，待在家里精进自己。

回想起身边的一些单身朋友，和 S 形成了鲜明的对比。在大部分的单身时间里，活在焦虑状态当中，无法享受当下角色本应该有的轻松、自在。后来遇见那个合适的人谈恋爱时，也没有出现想象当中的天天愉悦的状态。

在我看来，单身的时候更应该拥有单身力，才能以最好的状态，遇见最好的 Mr.Right。

## -story2-

前段日子我们全家人驱车小长假旅游，抵达目的地时，我想去附近的商店买些喜欢吃的番石榴。因为儿子特别想先回酒店玩玩具，于是让奶奶先带着他回去，刘先生陪我一同去商店。

我们十指紧扣，边散步边聊着我们这些年发生的趣事，那段路很短很短，挑完番石榴后，我们默契地选了另一条比较远的路朝酒店走回去。

儿子出生后，两个人独处的时间少之又少，但是我们依然有默契地创造出更多两个人独处的空间。

- 每天晚上临睡前，聊聊当天发生的一些生活小趣事；
- 在上班的时间里，请假约着去看热播的电影；
- 儿子睡觉后，约着出去撸个串喝杯小酒；
- 每天下班回家的路上，两个人通过电话闲聊一番。

孩子出生后，你有多久没有和你的伴侣一起做一些事？

在我看来，单身力是指拥有小孩的爸爸妈妈们，在只有两个人独处，牵起对方的手时，还有怦然心动的感觉。甚至有一种暂时不用照顾小孩的小小窃喜：只有两个人才能明白但又不点破的相视而笑。

我们一直有个共识：无论有没有宝宝，亲密关系才是一切的根基。

## -Angie 的单身力 -

每天，至少有 3 个小时，是我与自己独处的时光，在这个时光里，我得到了全面而尽情地滋养。这是所有的单身力解读里，最为重要的部分。

每天，我比家人早起 2 个小时，在还上班的时候，无论是上班通勤时间还是待在办公室的时间，我时常会为自己设置独立的空间。

在这些时间、空间里，我可以冥想、阅读、写作、跑步、看电影、听课程、梳理自己的人生状态……因为每天都和自己对话，即使偶尔遇见不如意的事，也能快速抽离出来，调节好自己，处在相对没有内耗的状态下。

在我看来，最高级的单身力，是拥有爱惜自己、倾听自己、让自己独处的时间和空间的能力。

在这个时间、空间里，你对自己毫无保留、完全相信，你知道怎么度过，那个最棒的自己就会渐渐成形。

你懂得自己、理解自己，你喜欢自己即使拥有无数种身份、要面对千百种状态，依然从容淡定，你也知道当下的焦虑是暂时的，你有足够的宽容接纳自己，给自己成长，甚至是犯错的机会。

## 7. 如何成为一名自燃型人

2016 年 6 月，我接受了央视 CCTV-2 的一次采访，忘记是记者美女还是一同而来的小伙伴问了我一个问题：

“你看起来好年轻，好有活力，你是怎么做到让自己时刻充满激情的？”

激情这个词，呃，我真的给别人这样的感觉吗，这样的词真的适合我吗？我内心是有一点点抗拒的。

我有一群 2014 年在网络上认识的好朋友，一共 8 个人，掐指一算，我们已经认识整整两年的时间了。这大概是唯一一个我会在累时、迷茫时表现自己真实状态的一个群，群里的其他小伙伴亦是如此，我们每天随心所欲地表达着自己的真实想法。

但更多的常态是，当他们迷茫时的第一反应是来找我，或者聚会的前奏是我们赶紧去找找 Angie 打点鸡血吧。

如果非要说我充满激情，我内心是更乐意接受我就是鸡血本身。

就连刘先生都时常会问我：“你这些行动力、坚持力、意志力到底是哪里来的？”

我时常也是一脸迷茫地看着他：这个就是我生活的常态啊。你天天看到的我不就是这样的吗？

后来看稻盛和夫的《干法》，提到人可以分为三种类型，其中一种类型是：自燃型人！当时的感觉是：叮咚，我找到了我的星球。

在《干法》一书中，稻盛先生参照物质的燃烧性能分类，把人分为“可燃型”“不燃型”和“自燃型”三种。并认为“要想成就某项事业，就必须成为热爱工作、能够自我燃烧的人”“在别人吩咐之前自发去干的积极主动的人”。

同时，“自燃型”的人，除了自动燃烧，还应该能够点燃别人，“勇于在旋涡中心工作”，积极影响周围的人，成为团队前进的发动机，乃至成为团队领袖！

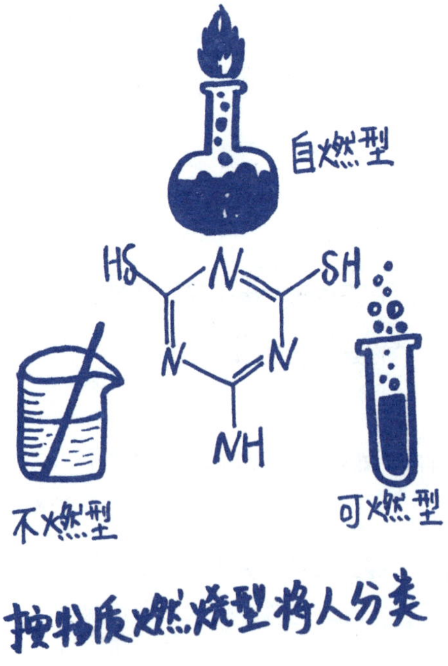

那么我是如何一步步成为一名自燃型人的：

### （1）修正与自己对话的模式

自燃型人懂得与自己对话的好处和方式，通过与自己对话，成为一个积极主动的人。

① 对话是为了有意识地观察自己。

假如你能跳出来观察自己每天的状态，你对自己满意吗？

如果满意，是否可以通过观察自己，让自己朝着更好的方向发展？

如果不满意，是否可以通过观察自己，发现自己的缺点，更加了解自己？

② 对话有助于厘清自己的思路。

不知道大家有没有试过，如果他人通过一问一答来帮助自己一步步地梳理想法，思路会越来越清晰。同样的道理，每天与自己有效对话，也有助于你更好地了解自己的思路。

与自己对话的方式有很多种：每天固定问自己几个问题、找一段时间把自己的想法系统地梳理出来……

③ 对话让解决问题更加容易。

我们往往并不是被问题本身困住，而是因为找不到问题、分不清方向而无法聚焦性地处理问题。

这也是为什么很多时候我们无法看清自己，却能够给别人解答问题一样，问题本身并没有多大的难度，难的是看不清。

### （2）展开观察别人的触觉

观察的触觉打得越开，你的眼界就会越宽，生命也会变得越来越有可能，这个时候才能真正体会到：时间太少，而行动必须更快。

① 观察他人使用的小工具。

很多人都不用微博，但我个人觉得微博非常好用。我开通【在行】，微信置顶（公众号后台回复“微信”获得使用小技巧）作为自我管理的小工具，都是通过观察到微博上长期关注的自我管理达人用了之后马上用起来的。

世界那么大，我们无须总是亲自去看，借助他们的眼界，也是很不错的方法。

② 观察他人的状况、处事方式。

前面内容讲到，在衡量一份工作好坏时，上司是非常重要的标准。每个职场人士几乎有大半的人生时间和同事相处，而这些同事当中，上司的角色最为重要。学会从自己的上司身上进行观察、学习，是我职场成长快速的重要原因。

几乎在每一个自身的角色上面，我都会寻找一个可供学习的榜样。这个榜样有可能是一个人、一本书甚至是一个课程，并且随着自己的成长，还会不断迭代这些榜样，让这些榜样持续不断地给自己带来力量。

③ 观察他人思考问题的维度。

我特别喜欢李笑来的书，他的《把时间当做朋友》是从心智的角度来对时间的管理进行解读的。这本书我读了两遍，还把李笑来的课程、演讲等拿出来反复研究。

记得书中提到了一个他思考问题的角度，大致的意思如下：有一次他花了几个小时的时间写了一篇文章，最后因为电脑故障文章丢失了，他花了几分钟发现没有办法恢复后，马上做了个决定：重新写。

正常的情况下，面对这种情况，一个人的反应可能会有两种：

- 反复挣扎看是否有解决方法，花掉大量时间；

- 心情受到很严重的影响，什么都不想做。

这个例子虽小却给了我很大的启发，让我学会了一个思考方式：问题出现之后，不纠结、不被困住，果断、理智地做一个决定，然后开始行动。

### （3）主动选择而非被动接受

仔细回想，你过往的人生，多数是自己主动做出选择，还是被迫无奈做出决定？

举个例子：今天晚上，你的主动选择是明天早上早起跑步，到了第二天早上，你是遵循了自己的主动选择：起床跑步，还是听从了身体的被动反馈：我起不来了，还是睡觉重要！

很多人都不知道业余时间空闲下来做什么好，今天刚好借这个机会做一个区分：

比如说，我今天主动选择看一集动画片，这个算是主动选择吗？

当然算，但前提必须是我很喜欢看这个动画片，并且通过看这一集动画片，我全身心都得到了很好的放松。

但是如果事态的发展变成：我原本计划是看完一集动画片就去看书，看了一集后忍不住接着看第二集，当然，在看第二集的时候内心因为没有看书而有点愧疚，但心情还是很好的。但是，因为沉迷于这种“享受”无法自拔，无法克制地熬夜看动画片，这就完全属于被动选择了。

那么，如何分别用一句话来区分主动选择和被动选择：

被动选择的最大特点是：当下看起来是愉快的，但过后更加迷茫；

主动选择的最大特点是：当下也许是吃力的，但长久坚持后即可看到收益。

做好以上三点就够了吗？答案是：No! 这只是刚刚开始。

你当下是什么类型的人并不重要的，最重要的是从现在开始，你想成为什么类型的人。

从主动选择自己的行动开始，撕掉你身上连自己都厌倦的标签，你可以不断学习更多适合你自己的方法，也可以把以上方法做到极致！

自然而然，你就慢慢变成自燃型人！

## 8. 十个自我管理的小方法，让你的人生趣味度提升十倍

王小波说，一辈子很长，就找个有趣的人在一起。

文案天后李欣频 2013 年香港书展的讲座《旅行是后天混血的过程》我听了不下 10 遍，心情不好时、低迷时、没有灵感时、情绪糟糕时，总爱拿出来听一听。对李欣频来说，每一次的旅行，都是一次换血的过程，把一辈子当成了几辈子来享受和体验。对我来说，李欣频的人生活法，给了我无限启发，让我的内心越来越笃定，再努力的人生，都抵不上有趣。

我们在做一件事的时候，最容易出现的标准是：这件事有没有意义。当然如果事情既能有趣又能有意义是再好不过的一种状态。随着这些年渐渐把有趣变成了做事的标准，我发现，身边的事情居然渐渐向有趣而又有意义的方向发展着，因为我的内在潜意识渐渐调整成：如何才能把一件有意义的事情变得有趣。

一个人要做到真正有趣其实很难，他需要在大部分的时间对生活充满热爱、有相对广泛的兴趣、对周遭的人事物相对宽容、心态乐观、善于尝试新事物、敢于自嘲又略带幽默。我们不需要在一开始对自己过分要求，而是带着成为有趣的人的心态，渐渐成为一个有趣的人。

### （1）广泛阅读人生活法书单

李欣频的所有书籍，我都读过，最喜欢的还是那本《放一年梦想假》：我们想要的生活，现在就把它实践出来，而不是停在愿景版上成为退休后的遥远大梦！

除此之外，很多旅行的书籍也是我爱读的，最令我神往和心仪的旅行书籍是傅真写的三部曲——《藏地白皮书》《 最好金龟换酒》《泛若不系之舟》。

再比如国外很多的小说，最令我内心触动的是毛姆的《月亮和六便士》：月亮代表高高在上的理想，六便士则是现实的代表。

很多的人在提到阅读时都会把它完全与知识结合起来，有趣的阅读是你只要挑人生活法书单，在节假日的午后，配一杯茶，深深地沉浸在书本情节当中。

### （2）每隔一段时间，给自己订立一个有趣的挑战

大部分人是一年的生活方式重复了十年，只有少部分的人追求每一年、甚至是每个月都能活成不一样的自己。每隔一段时间，给自己订立一个有趣的挑战吧，这个挑战可以是跑一个从来都没有跑过的公里数甚至是马拉松，也可以是给自己做一份无与伦比的梦想清单，或者是尝试在公开场合做一次演讲。

现在这个年代，物资丰盛、机会众多，只要你想，没有什么不可以。

从许多年前开始，我会每年定一些挑战，到每个季度，到现在的每个月，人生的活法越来越有密度，也许不是每一次的挑战都能如愿，但敢于挑战的勇气和决心，让我牢牢抓住了后来出现的每一次机会。

### （3）每个月，见一个有趣的人

有趣的人在我心中的定义很广泛：他不一定是世俗意义上的成功人士，更多是在某一个领域做得还不错，或者成就稍微比自己高一点点的普通人。

说实话，很厉害的人，你想要和他产生很深的连接很难。反而是旗鼓相当或者各有所长，聊起天来才是一种真正的滋养。

每个月，我都有幸能遇到这类型的人，每一次遇到时，我的全身都会泛起鸡皮疙瘩：对，就是他！

也许是因为我是【在行】的行家，比较有机会接触更多的人。

那么大家如何才能实现“月见趣人”的目标呢？

- 广泛地参加线下社群活动，打开你的搜索触觉，寻找同频率的人主动连接；
- 在你所参加的线上微信社群，有质量地勾搭喜欢的人，主动帮忙做一点力所能及的事情；
- 试着回想，你身边曾经让你怦然心动的人，重新关注 Ta 的动态，重新连接；
- 如果现实当中没有办法找到有趣的人，那就为自己建立一个榜样清单，将那些够不着的榜样，一个个列入清单中，进行长期的观察、学习和模仿吧！

### （4）给自己一些有趣的仪式感

这个仪式感可以是一句话、一杯茶、一次跑步，总而言之，你需要有一个了断或者有一个新的开始之前的切换。

### （5）多看一些有趣的节目

这些年，我喜欢过许多的节目：《奇葩大会》《奇葩说》《快乐大本营》《见字如面》，这些有趣的节目，让我或者哈哈大笑，或者内心沉思，或者心怀感恩，我们需要一些有趣的节目，让我们更加放松。

### （6）通过电影了解许多人的一生

我不止一次，在公开场合聊到看电影的好处。我甚至觉得，大学最大的遗憾就是没有大量地看电影。

观看电影是用最短的时间了解别人整个人生的最好方式。其实人生来来去去遇到的问题都大同小异，只是我们没有足够的阅历看透而已。

### （7）抱团成长，向你的同伴学习

在学习的路上，大部分的时间确实是孤单的，但成长的过程，却有机会就要抱团取暖。

有趣人生的人内心是独立而包容的，我们要分清什么情况下需要独自一人刻苦努力，什么情况下向你的同伴学习，让自己有限的人生价值得到最大的发挥。

### （8）常常像孩子一样开怀大笑

你有多久，没有开怀大笑？试试看像孩子一样开怀大笑，人生的有趣度会直接提高 5 倍。

让自己配得起有趣的人生

把你的笑的敏感度降低吧，人生当中的很多事，都值得你开怀一笑哦。

### （9）糟糕透了时，选择出离现有的状态

糟糕透了时，最好的方式是起码给自己 1 个小时的时间，放下手中的一切，只做自己最喜欢的事：看电影也好、狂吃喝也好、大哭一场也好，离开那个让你觉得只会更糟糕的现场。让你有足够冷静的头脑，回归到有趣人生的意识状态中来。

### （10）你要相信，你配得起有趣的人生

当你觉得配得起，你就会身体力行、知行合一，这是一种享受、是渴望一直拥有。配得起之后的变好，是对自己的一场精心耕种。

当你变好时，所有的有趣，都会迎头赶上。

## 9. 十个维度，教你轻松做年度总结

每年年底，我们必须做的一件事，就是年终总结和明年计划。

想做一件事很容易，但把一件事做到却很难，如果想把一件事做好就更难了。

本节，关于年终总结，我给大家提供十个维度，让总结的思路变得相对有趣和拓宽。

### （1）时间

年终总结的最佳时间为每年12月下半月或者是下一年1月上半月；我一般会在这个时间内完成，超过这个时间，有50%的概率会放弃去做。

### （2）事件

① 每个月印象最深事件：人生900宫格，就是按照一个月一个格子的概念画出来的。那么一年12个月过去了，每个月，你印象最深刻的事件有哪些？写下你的12个印象最深事件吧！

② 年度最佳改变事件：从12个件事当中，挑出一个最佳改变事件，从多个维度与自己对话：

- 最佳改变的点是什么？
- 有没有可以改进的？
- 事件发生到现在，有了什么样的变化？
- 明年还可以接着努力、坚持吗？

### （3）人物

改变自己、影响自己的人物、榜样：有没有谁，促成了自己某一个维度的行动和改变？

你为什么要改变？

Ta 还有其他可以借鉴的优点吗？

### （4）技能

① 本年度技能打磨清单：什么是技能？比如演讲、管理能力等都算。将本年度你曾经尝试过学习、打磨的技能全部列出来，也许你会发现，自己还真的干了不少事。

② 本年度技能梦想清单：从技能的角度出发，经过了一整年的学习，你更加清楚地找到了自己的不足，以及未来修正的方向。

列下 1 ～ 3 个，为明年的计划做准备吧！

③ 本年度最佳技能清单：从技能打磨清单，挑出对自己影响最大的一条，列为最佳，也许能成为你终身打磨的必备技能。

### （5）职场

① 画出职场价值曲线图：年初时，你 1 个小时值多少钱，那么到了年末呢？

如果无法用钱来衡量价值，这份工作还有哪些值得你为之奋斗的维度？

② 3 件职场成就事件：什么是成就事件，比如说升值了、加薪了，比如说挖掘了自己的潜能，或者是超额完成了月度或年度任务……不要贪多，列出 3 件即可！

③ 给自己的职场评个年度总分：前面两个维度如果你的答案是没

有答案，一份工作从年初做到年尾一成不变。那么，是时候去主动做一些变化了！

（6）理财

① 学习的理财领域：我知道身边有很多小伙伴，常把财务自由挂在嘴边。实现财务自由，除了开源节流外，很重要的一点是要学会投资。基金、股票、保险、美元，学习了，总不会错！

② 实践的理财领域：很多人光学不实践、光说不做，最终的结果只能等于零。所以，学习了基金理财，就去实践吧，一开始用少量的钱，先把财商锻炼出来。等到有足够的资产时，你会比别人更加容易获得更大的受益。

（7）兴趣

① 本年度兴趣探索清单：和技能这一块很贴切，兴趣探索清单，是列下本年度所有你探索过的兴趣，罗列出来的过程，即是一种复盘。

② 本年度最佳兴趣清单：你可以根据兴趣探索清单，以每一项兴趣投入的时间、精力、金钱为维度，从组合当中找出最佳兴趣，为明年的投入做准备。

（8）关系

① 你头脑当中的亲密关系评分：列出每一项你想经营的亲密关系，先根据直觉打个分。

② 做得好的地方：接以上表格，增加一列做得好的地方，罗列出你所能想到的每一个点。

③ 做得不足之处：接以上表格，继续增加一列做得不足的地方，罗列出你所能想到的每一个点。修改自己印象中的评分，给自己一个真实的分数。

④ 今年有什么新的关系连接：这所有的关系当中，有哪些关系是前所未有的，比如说今年我成为自媒体人、加入秋叶大叔的 IP 营，连接了很多优秀的知识 IP，那么你呢？

### （9）健康

① 今年提升健康的行动清单：我的锻炼清单、饮食清单、作息清单……

② 今年健康影响清单：做了哪些事，让健康指数有所下降？

我们总是在生病的时候信誓旦旦地对自己说：等好了，我一定要更加注意身体！又总是在好了之后忘记当时的痛苦，再次不注意自己的身体。借此机会列出来吧，为明年健康活法做些准备。

### （10）自我成长

① 画出自我成长价值曲线图：这是一个整体曲线图，它涉及我们所有的身份，你给自己的总体评分会是什么？

以 2016 年为例，在这一年，我遇见很多很棒的人，工作、生活、亲密关系都相对平衡，更重要的是，我知道自己在做什么以及要什么！

② 本年度自我成长探索清单：今年，我做了哪些探索？这些探索，是我想要的吗？如果是不想要的，因为努力探索是否也有了一些其他意想不到的收获？

③ 自我成长最大收获：有没有觉得，成长，真好！给予自己真实的反馈，让自己充满信心地往下走！

这十个维度整理出来后，有什么作用？

在整理的过程当中，我们能意识到自身存在的问题，根据这些总结，更加知道未来应该怎么做。

## 10. 十个维度，100% 提升你的计划完成率

总结做好了，计划应该怎么做呢？

同样是十个维度，我会用日行动、月复盘、年方向 / 目标三个方面，给大家不一样的做计划思路。

我们先来做个关键词定义：

日行动：你的每日任务清单；

月复盘：以月为单位，对整个月进行复盘，比如说看过的书做个盘点、工作要点做个梳理等；

年方向 / 目标：你一整年的目标是什么，可以是一个关键词，也可以是梦想清单，或者是你想要到达的高度。

值得强调的是，日、月、年三个时间段并不是固定的，每个人的成长速度不同，你可以把时间段根据自身的情况，或者调整得更快，或者调整得更慢！

定义确定后，我们再来做个排序：

当你看到日行动、月复盘、年方向 / 目标三个方面时，如果让你按重要性进行排序，你会如何排序？

我的排序是这样的：日行动 > 月复盘 > 年方向 / 目标。

接下来，我从十个维度，三个方面，给大家的明年计划一些启发。

### （1）时间

明年计划的最佳时间依然为当年 12 月下半月或者是下一年 1 月上

半月，但要有个前提，它必须发生在总结之后，总结才能让计划更有方向！

（2）事件

- 年方向 / 目标：这一年，从具体的事件出发，你有什么样的标准？你具体想做的三大事件是什么？比如我在明年有件很重要的事是“× × 技能特训营”的推出。
- 日行动：围绕年方向，落实到真实的每日行动当中，你应该做什么？你为你的目标，每日都保留了时间吗？

有时候我们不可能保证每天都在做年目标事件，但是心中带着方向，每日也确实为此做着精进、努力，最后的结果都不会太差。

以“× × 技能特训营”为例，我每日要做的事情是围绕着它进行技能的刻意训练以及系统课程的不断打磨。

- 月复盘：我们每天的行动，都是正确的吗？未必，只有定期对日行动进行总结，才能确保我们在做的事情，是对个人成长有价值的事件。

（3）人物

- 年方向 / 目标：这一年，你想成为什么类型的人？因为想成为这样的人，你要连接哪一类型的人？

从对内和对外的角度，我们可以给自己两个关键词。

对内，我想成为由内而外变美的人。对外，我想向与美相关的榜样学习，这个美可以是外在形象的美，也可以是内在稳定的一种状态。

- 日行动：确定了自己的人物关键词后，每天围绕这些关键词，我们可以做一些什么样的努力？

比如，我想成为一个由内而外变美的人，我是不是应该学会化妆、持续地锻炼、学会穿搭……

- 月复盘：这种类型的月复盘，也可以变成月奖励。根据当月每一天的行动，发现自己的不足，花钱奖励自己去约一位相关的专业榜样进行学习，报一个相关的课程，让自己全面、系统地了解与美相关的事物。

月复盘不是一直闭关对自己进行总结，必要的时候与外界产生连接，也许会获得意外的收获。

（4）技能

- 年方向 / 目标：根据去年的技能梦想清单，结合自己的真实需要，列下 1 ～ 3 个你想要重点打磨的技能。为什么是 1 ～ 3 个？因为一年的时间看似很长，但如果过于分散，很有可能导致一年过去后，每个技能都不够精准！
- 日行动：技能与知识和事件的区别在于，技能是需要刻意训练，才有可能得到真正的进步。

所以，你要为你的技能写下每日具体的行动清单，比如说你要锻炼写作能力，对自己的要求是每天或者写下一定数量的文章，或者是为自己的写作收集灵感！

- 月复盘：技能如何进行月复盘？更多的是提醒你，一个月的时间到了，你的刻意训练强度需要加强啦！

如果一直按照同样的方式、同样的强度去打磨自己的技能，最终的结果只会是时间过去，而技能依然处在一成不变的水平里。

（5）职场

年方向 / 目标：你要升职？加薪？跳槽？无论是哪一种，给自己定一个带有场景的蓝图吧！

比如升职，那个岗位是什么名字、是不是会升级办公室、升职后我会如何精进自己的能力……空喊口号没有用，更加可触摸的目标才能带来内在的驱动力。

- 日行动：如果你想要升职，那么意味着你得为职场付出更多。

如何提升每日工作效率？

如何让自己手头上的工作做得更加完美？

如何与上司维系好关系……

这所有的一切，都得落实到每天的工作状态中！

- 月复盘：这一整个月，你为升职这个目标添砖加瓦了吗？面对升职这个大目标，是否可以拆解成一个个相对可行的月度小目标？

### （6）理财

- 年方向 / 目标：去年学习的理财知识，你还没有用？新的一年，给自己一个实践理财的机会吧！如果连学习都还没有开始，那就定一个一边学习一边实践的目标！
- 日行动：理财的日行动，更多不是指你每天都要进行理财实践，而是你的理财行动计划。

比如说我会以周为单位进行基金定投，这就是一种真实的行动而非纸上谈兵。

- 月复盘：每个月的第一天都问问自己，我进行理财的实践了吗？如果没有，为什么还不行动？如果有，成果是什么，还有可以改进的空间吗？

### （7）兴趣

- 年方向 / 目标：上一次的总结当中有提到，明年的兴趣计划，可以从当年的最佳兴趣清单当中挑出，再结合自己的时间和真实需要，新增加一些兴趣作为生活的调剂。

- 日行动：既然是兴趣，日行动就不难了，如果还是觉得很难，那是因为你没有发掘自己的真实兴趣。

你为自己的兴趣，每天保留了多少时间？是不是遵循 70% 的时间花在主要的兴趣爱好上，30% 的时间花在其他兴趣上？切忌本末倒置哦！

- 月复盘：为什么兴趣也要复盘，因为兴趣是对人生的一种滋养。看着自己的兴趣落地，是一种满满的成就感和幸福感。

我们的复盘不是总是挑刺，我们也需要盘点生活的美好，让自己的前行更加有力量。

### （8）关系

- 年方向 / 目标：今年，有哪些重要的关系是你不满意的？明年，你会为这些关系的维系，定下哪一方面的目标？
- 日行动：为你想维系的关系，列下你所能想到的所有小行动清单，通过许许多多小的事情，让关系得到滋养和改善。
- 月复盘：这是一个提醒，关系是最为奇妙的一种维系，月复盘更多是提醒自己，如果一整个月都没有为重要的关系做过任何一件事，下个月就应该加大强度了！

### （9）健康

- 年方向 / 目标：这个目标很明确，每个人都想变得更健康，关键是怎么做？
- 日行动：依然是我的锻炼清单、我的饮食清单、我的作息清单……每一项写下 3 ～ 5 条，作为一整年的行动标准吧。
- 月复盘：如果一整个月都没有遵循日行动清单，你就要对自己有更高的要求了：下个月严格按照行动清单执行，比如说你可以为清单设立闹钟，时刻提醒自己！

### （10）自我成长

- 年方向 / 目标：你想成为什么样子的人？今年趁早 Party 的口号是，让我们相逢在更高处。

自我成长从来都是没有边界和极限的，你想成为什么样的人，有时候全凭你对自己的未来有什么样更高的期待。

- 日行动：日行动，是能让期待实现最好的方式。你为你的自我成长，每天保留的底线时间有多长，我是 3 个小时。由最开始的 1 个小时，到现在的 3 个小时，我收获了 3 倍的自我成长速度！
- 月复盘：给每 1 个月都订立一个我想活成什么样的关键词吧！一月修整，二月重新出发，三月创新……让自我成长变得更加有趣。

每年都要做计划吗？是的，有计划的人生，是有方向的努力。无章法的活法，即使目标实现了，也只不过是一场意外。

总而言之，我有计划，我增加了与更好的自己无数次相逢的机会。

那么，你呢？和我一起做计划、一起精进可好？

→→→

小互动：欢迎关注我的公众号，到我的后台留言你的读后感。

1. 如何成为一名自燃型人？
2. 十个让人生变有趣的方法，你会挑哪一个开始行动？

答：

←←←

# 第8章

# 人人都能成为斜杠青年：我的斜杠青年探索之旅

## 1. 斜杠青年，一个很酷的职业

在我看来，斜杠青年是一个很酷的职业，在分享我的斜杠青年之旅之前，先简单地进行一些知识的普及。

斜杠青年来源于英文 Slash，出自《纽约时报》专栏作家麦瑞克·阿尔伯撰写的书籍《双重职业》，指的是一群不再满足“专一职业”的生活方式，而选择拥有多重职业和身份的多元生活的人群。

如大家熟知的“文案天后”李欣频，在广告人、作家、教授、旅行家、演讲家等各种身份之间自由切换，游刃有余。

斜杠青年的出现并非偶然，而是社会发展的必然现象，也是社会进步的体现。这种进步可以使人类摆脱“工业革命”带来的限制和束缚，释放天性。

《多重职业：让工作和生活获得双重成功的新模式》这本书出版之后，玛希·埃尔博尔根据更多的案例与反馈，将“斜杠青年”模式进一步总结为五种分类。我在真正探索斜杠青年之旅的这一年多的时间里，这五种分类情况，在不同的时段都纷纷经历或实践过：

### （1）稳定收入＋兴趣爱好的组合

这种模式比较适合还在兴趣爱好探索阶段或者兴趣爱好的收入不足以支撑生活的人。

### （2）左脑＋右脑组合

这是一种理性思维与创造性思维共同发展的模式，比如一个计算机程序员同时又是戏剧导演。理性与艺术其实是非常好的互补，可以给我们带来更开阔的思维。

仔细对照，在工作上，我是一名运营总监，在业余生活当中，我拥有自己的个人公众号，需要大量的写作创作。

说实话，这两个岗位并非界限非常明显的理性思维与创造性思维，但确实也属于左脑＋右脑的组合。

在探索斜杠青年之旅中，很多人很好奇，为什么我不回归本质运营工作，而是选择了和运营完全没有关系的写作者。在看到左脑＋右脑的组合时，有一种找到了原因的感觉，因为这两种身份，给我带来了更开阔的思维，我完全乐在其中。

（3）大脑＋身体组合

这种模式能够让人很好地在脑力劳动和体力劳动中相互切换，能够确保身心的健康以及生活的平衡。事实上，对于脑力工作者，如果能够发展出一个体力劳动者的身份是个挺不错的选择，我并没有真正发展自己的体力劳动者身份，但是我酷爱跑步。我跑过马拉松，时速为 6 分半钟每公里，但我更喜欢每天匀速前进般地奔跑，以确保我有足够的精力来完成每天高负荷的斜杠青年身份。

### （4）写作 + 教学 + 演讲 + 顾问组合

这是一个黄金组合，4 种身份可以形成完美的循环推动。写作可以让你成为某个领域的意见领袖，演讲的邀约也会随之出现，等经验足够又可以开展教学和顾问的身份。

### （5）一项工作多项职能型

事实上，你不必拥有多项工作或者多重身份也能成为“斜杠青年”，即便你只有一个工作或者身份，但只要你有非常全面和综合的能力，而且涉及了不同的职能领域，那你也是“斜杠青年”，因此所有的 CEO 都符合这个标准。在担任互联网运营总监不到一年的时间里，我从事过产品经理、项目经理、市场推广、数据分析等工作，真正符合一项工作多项职能的类型。

在对号入座这五种组合时，惊讶之余，佩服自己当时的行动力和果敢尝试。接下来，我会讲述如何一步步探索自己的斜杠青年之旅，希望可以给你带来启发！

## 2. 开启斜杠之旅之前，你需要建立金钱观

大学四年，是我金钱观的启蒙年。

大四第一学期，我给自己定了要在大学四年做尽可能多的社会实践的目标。

其实一开始的目的很简单，就是为了尽快融入社会，让自己在毕业的时候具备一定的能力。这是一开始非常纯粹的想法，但后面的效果却出乎了我的意料。有一次社会实践，工作结束后对方邀请我留下来一起吃饭聊天，据说会有很多厉害的人物出现。

我因为还是个穷学生，什么都不懂，晚餐期间一句话都不敢说，但听得非常认真。直现在还非常清晰地记得，他们那天聊的主题是如何让钱生钱。聊得很多方法都很高大上，我几乎听不懂，但这个观念牢牢记在了我的心里。

看到这里，正确的进展方式可能是：我回到学校，大量研究如何进行钱生钱，从此过上了学生时代的富裕生活。

然而并没有，我回到学校后，还是过着和以前没有任何区别的穷学生生活，因为阅历太少，并没有那么强的思维方式和行动力。

但改变还是悄悄发生在我的身上了，我开始对投资、赚钱等字眼产生了敏感。一听到类似的字眼，耳朵赶紧竖起来，生怕错过哪怕一点点的信息。

有一天，在浏览网页时，看到了基金定投的投资方式，并且起步金额很低，只需要 100 元就行。那时我大三，做了两年多的兼职，身上有几千元的现金。

我开始了解基金定投的渠道和方式，一开始只是每个月 200 元试试水，后来增加到了每个月 800 元。

现在看来，这个钱真的非常少，但是却形成了极好的投资意识。

我的第一次金钱观的形成，有以下三点：

- 对待赚到的钱的最好方式是，不是让钱待在自己的口袋里，而是要投资出去。
- 钱越少的时候，去投资的试错成本是最小的，最重要的是能形成投资的意识。
- 并且，这是一种变相存钱的方式，特别适合对金钱没有足够掌控力的年轻人。

理财小 tips：

任何看到这篇文章没有投资意识的朋友们，请开始基金定投吧，普通银行卡的网银就有基金定投的功能。

我的第二次金钱观升级，发生在毕业后第二年的时间里。

毕业的第一年，我和刘先生住在他单位的宿舍里，我们的所有花销几乎只和吃有关。吃也花不了多少钱，所以那个阶段我们的生活过得相当舒适，对金钱没有什么渴望，赚多赚少都觉得无所谓。

事情的转折点发生在一个客户 A 的身上。我的工作是和广告相关的，很多客户会来我们公司开户做广告，我是他们的客服。

因为工作能力强、爱研究、勤奋，在我手头上服务的客户广告效果总是很不错。这个时候，我的客户 A 找到了我，想请我在工作之余多优化他们的广告账户，让效果有更大的提升，他们可以每个月额外给我 5 000 元。

我的第一反应是：哇，钱那么多，是我基础工资的两倍。我的第二个反应是：额外再拿他的钱多不好意思啊！

A 看出了我的犹豫，他没有让我立刻做决定，约我在那个周末一起出去玩。

在玩的时候，A 有意无意地给我灌输金钱观：

- 年轻的时候，我们应该要有赚钱的意识；
- 真正会赚钱的人不会满足只有一个赚钱的渠道；
- 你要相信，没有人会白白给你钱，你只有值得，才会有人为你埋单。

我瞬间被最后一句话击中，对啊，A 才是真正的聪明人，他会为我买单，难道是白白给我送钱？绝对是因为我值得啊，他付出的这些钱，会因为我的广告操作能力，成倍甚至更多倍地赚回来。

我接受了他给我开的额外工资，更重要的是，我的金钱观又一次得到了升级：

- 敢于接受别人对你超出预期的定价，因为你值得拥有；
- 一个更深层次的理解是，认可自己的价值，主动与金钱建立良好的连接；
- 金钱的多管道来源，让自己的收入不止一个渠道：投资、工资收入、业余收入；

我的第三个金钱观，觉醒在没有上班怀孕生小孩的那一年。

也许是怀孕荷尔蒙的变化，也许是觉得自己至少一整年的时间没有了任何收入，失去了自己的价值，又大哭了一场，才慢慢调整好自己的状态。

那一年我读了 300 多本书，开始海淘并开了一个淘宝店，学习如何烹饪，给自己学习方面做了很多的投资，并把所有的一切都 Po 到了微博和微信朋友圈，整个人的状态好得不得了。

儿子出生后，我很快被原先公司邀请回去直接升职为管理层，理由是我怀孕一年的状态很好，进步并不比职场上的同事慢。在恢复上班的第三个月，我拿到了团队冠军，获得了一个 iPad 的奖励。

从此，我重新爱上了投资自己，大量阅读、学习，个人能力得到了很好的累积。

回到我的第三个金钱观，我用了“觉醒”这个词，是因为投资自己这个行为我一直在做，只是出了校园后，因为工作太忙而忽略了。

所以，我的第三个金钱观很简单：在不知道投资什么时，投资自己准没有错。

很多人会说，Angie 你运气好，你碰到了很多对的人！现在我把这些年来碰到对的人、对的机会所形成的金钱观分享给了你，你与越来越有钱，只差知道后的一个行动。

这些方法，真的很简单，比如基金定投，谁没有个几百元钱？

比如对待金钱不好意思的态度，从看到今天的故事开始，修正自己的观念吧！

如果你什么都觉得很难，投资一点钱在自我的提升上，总不难！

## 3. 赚钱，是一个人最大的综合实力

比赚钱更重要的，是你越来越值钱。

- 在时薪固定的情况下，每个小时，你收获的个人成长度比其他人密，你就更值钱；
- 做同样的工作，我比你的工资更高，我就更值钱；
- 同样的任务，我完成的效率比你高，多出来的时间拿来提升自己的能力，我就更值钱。

很多人升级了这个认知后，就会开始花时间、金钱、精力、注意力在值钱的事情上。你的做法固然没有错，可是如果你没有赚钱的综合实力，值钱了也不代表拥有了赚钱的能力。

这个世界，并不会让每一颗金子都闪闪发光！怀才不遇比不成才，在某种程度上更加让人绝望。

我的前同事 M，她一辈子的事业目标只有一个：赚钱。

她比我早一年毕业，我入职公司时，她已经在公司里做了一年多时间的销售：人缘好、业绩出色！奇怪的是公司三番五次提拔她做经理，都被她拒绝了。

按照正常人的思维，提拔做经理不是一件好事吗？可是 M 却不这么想，她的想法是：一切阻碍她专心赚钱的行为都要坚决杜绝。

我不认可她的思维模式，却也不会贸然做任何的评价。我想很多人对 M 的看法不一致，有想看她笑话的、有佩服她目标明确而聚焦的……

以赚钱为唯一追求的 M 目标明确，对金钱有很强烈的欲望，也喜爱金钱。多年过去，我离开那家公司已经好几年，而 M 却依然是那家公司的金牌销售，一个人就像一支队伍，整个业绩抵得过一个有模有样的团队。

后来听说 M 决定带团队了，我以为她会不习惯，结果也带得风生水起。

我才恍然大悟，M 那个时候的想法和行为虽然存在不合理性，却也让她打下了坚实的业务根基。M 在以赚钱为目的而进行的所有自我增值的这些年里，学习了心理学、销售技巧、沟通、演讲培训、项目管理等能力，能带好团队也是情理之中啊！

关于值钱，怎么做才算是为未来的赚钱能力做有效的价值提升？

B 是我个人品牌的学员，看到她的个人简介时，我简直欣喜若狂，无论是知识的丰富程度还是标签背书，完完全全符合一名导师的标准，但是 B 却对未来充满了困惑。

仔细聊完后我发现，B 的所有能力都是向内能力，自身是一座宝藏却无人挖掘。

价值的有效提升，绝对需要一系列的向外能力：能说会写，并且宣传自己于无形。

大部分的人，把过多的注意力放在了内功的修炼上，练就一身内功，却没有施展的舞台。

也有一部分的人，把过多的注意力放在了外在的包装、宣传上：观众被你看似包装到位的舞台所吸引，但你的内功不够，人们或者选择中场离场，或者选择到此为止。

真正的价值提升 = 向内能力 + 向外能力集合。

这样的公式用在职场当中也相当合适。

比如我的同事 M，她比普通的销售对公司的产品有更好的认识，销售工作本身具备了强向外能力合集，这些年来她做的所有事，才是真正的价值提升。

这对普通的职场人士来说同样受用，从你进入职场的那一刻开始，就应该清醒地意识到职场和校园最大的区别是，你再也不能凭借自己的默默努力拿到一纸好成绩而成为万众瞩目。你做的每一件事，都要恰如其分地让你的公司、上司、老板知道。

为什么我们都认为外向的人更加容易做成一件事，大部分的情况下并不是外向的人懂得更多，而是外向的人自带宣传属性，她做的事情更容易为众所周知。

所以，我们在提升自己的内在能力时，一定别忘了，像写作、沟通、演讲、人际关系经营等能力，才是你展示内在能力的有效出口。

仔细想想，身边那些会赚钱的人，极大概率都是综合实力极强的人。

闷声发大财是指你赚了钱后不一定要大声宣扬，却常常被误解为默不作声就能赚到钱。

当然，也有这样的例子，但在这样一个万事万物快速迭代到你甚至无法察觉的时代，除非你有足够的耐心和毅力，我们做任何一件事，都不能养成总是死磕小概率事件的习惯，你需要在大概率当中走出适合自己的一条路。

真正赚到钱的人，他得到的绝不仅仅是物质而已，而是一个人自身大而全面的能力提升。你会发现，他接下来做的所有事情，都会变得相对容易。

## 4. 作为一“枚”职场妈妈，我是如何一步步走上斜杠青年之旅的

### （1）【在行】行家身份：开启斜杠青年之旅第一站

我有一个坚持多年的习惯，无论是在微博、微信上还是生活中，都会特别关注某一类人：这类人或者是在她所在的领域特别优秀，或者是整个人传达的状态总是积极向上。持续关注她们的动态是我前进路上非常重要的精神食粮和指引。

像往常一样，我在固定的时间刷屏她们的状态，其中一个榜样发的一条微博动态引起了我的关注：“【在行】真是个超级棒的平台，每到一个地方，我都能通过这个平台约见到特别棒的行业专家。”

我的第一反应是：【在行】是什么“鬼”？像往常一样，我打开百度进行了搜索，原来是一个知识付费平台，平台上有大量各行各业的顶级人才。

“咦，我是不是也可以开通成为行家！”这个想法在我头脑当中一闪而过，二话不说，我开始着手研究如何注册成为【在行】行家。

正常情况下，看到自己的榜样做这件事的第一反应应该是：我也要模仿她去约一个行家来给自己做指导。但这一次，我的想法居然是：我也要成为行家！这么一个思维上小小的转变，成为走上斜杠之旅特别重要的一个转折。

因为我有多年互联网从业经验，在 SEM 搜索引擎方面有超过 5 年的累积，很快【在行】通过了我的申请。

很多时候，如果你稍微多向前一步，你就有机会从一个看客变成掌

握主动权的人。很多后来的故事，才有成型的可能。

申请成为【在行】行家的第 12 天，我接到了第一个约见 F，他是新加坡当地经商几十年的一家电商公司的创始人，后来我们一直保持着联系。

我也逐渐爱上了这种通过【在行】约见“牛人”的习惯，通过这种方式，认识了很多不同行业的“大牛”。

在成为行家的第二个月，我突发奇想：所有约见了我 SEM 话题的学员，其实我还可以和合适的公司对接，引荐他们合作项目。

二话不说，我开始把约见我的学员介绍给了我所熟悉的公司，事实证明这个想法简直完美，是一种一箭三雕的绝佳方法。

### （2）深圳趁早线上运营负责人：一个月组织了 6 场分享

2015 年年底，我私信当时的深圳趁早读书会会长月光，和她申请我想加入深圳趁早核心团队，并主动请缨负责线上微课运营。

（不得不说我很拼）那段时间，我邀请了深圳趁早线上、线下一共 6 场活动的嘉宾，尤其是线上的 4 场活动，从嘉宾确定、文案撰写、报名、拉群、讲课、主持等内容一条龙搞定。因为喜欢，累的剩下半条命却干得很起劲。这整个的过程虽然没有任何的收入，却受益良多：

- “勾搭”嘉宾的技巧越来越娴熟；
- 系统地自学了线上课的一整套流程，并进行了很好的实践；
- 系统学习了公众号编辑，并编辑了很多篇文章；
- 朋友圈积累了一批学习爱好者。

短短一个月的时间，深圳趁早公众号的关注者翻了一倍，最重要的是我做得很开心。而这些收获，为后来自己开通的第四个公众号，奠定了非常坚实的基础。

### （3）投稿育儿文章，获得了人生当中的第一笔意外稿费

2015 年年底的某一天，微信提示收到一条消息："哪个群又发红包了，速度要快哟，不然被人抢完了。"打开一看，是我的好朋友吉吉发过来的一个微信转账，上面赤裸裸地写着数千元，我不敢点！对方说："这是你的稿费，快收。"来回周旋了好几轮，我怀着激动的心情收下了人生当中的第一笔稿费。

可能大家会说，数千元有什么好拿出来说的。对你来说可能是一笔极少的钱，对我来说，这是我斜杠之旅写作身份拿到的第一笔稿费，是莫大的双重鼓励。很多时候，我们把目光看得太远，眼光提得太高，在自己还没有多大价值时，总是处处拿钱去衡量一件事的价值，损失最大的一定是自己。

面对这个平台，说实话，我的出发点非常纯粹：因为确实有实战经

人生第一笔意外稿费

验和兴趣，持续提供了好几篇质量不错的稿件，对他们的平台提出了一些我的看法，也因为他们的平台质量确实不错，一直有推荐给身边的朋友，但从来没有想到会有一些实际性的物质回报。

### （4）我的第四个公众号：我承诺，至少会坚持一年

做失败一件事并不可怕，可怕的是失败了没有任何的成长，你白白失败了！在做失败了三个微信公众号后，我一直琢磨一个合适的时机再开一个，在 2016 年 1 月 20 日的下午，我终于下定决心重新开通了属于自己的第四个公众号，这一次我下定决心，对自己和大家承诺，我至少会坚持一年，翻开当时写的承诺式的第一篇文章，眼眶湿润：

想重新开一个订阅号的想法早就有了，但一直都没有开，我是真的不好意思了，前面已经开过 3 个订阅号，因为种种原因（懒）终究没有坚持下去，真心对不起那些之前第一时间就关注我的朋友们，让你们见笑了。但，这次是真的，我在这里承诺，这个订阅号，我会经营起码一年以上，为什么是一年？我不想给自己定太长久的目标，未来会如何？谁知道呢。

那么，我的订阅号会有什么内容呢：

去年 12 月（2015 年）通过第二身份，副业收入 7 000 元，我可能会谈谈有关这一路上探索第二身份的故事；

在【在行】开通行家身份，按小时收费赚了不少外快之外，见了不少有趣的人，我可能会写写有关他们的故事；

我有一个 3 岁宝宝，在践行科学育儿实践过程中，所经历的酸甜苦辣；

闭关禅修，去年国庆，参加了为期 9 天的闭关禅修，是一种怎么样的体验；

在过去的一年里，参加了 10 期，每期 21 天的打卡训练营，我收获了什么？

我想过有趣的人生，并分享给更多有趣的人。

公众号一直坚持到现在，我实现了自己至少会坚持一年的承诺！

我很努力、很拼，也很幸运，在无意识走上斜杠青年探索之旅的初期，居然开始有一些副业的收入。

我是这样看待这一笔副业收入的，虽然不是很多，但是价值却很大。如果你有一定的累积，又愿意尝试新事物，一开始做事不带功利心，反而有机会得到意外的惊喜。

更重要的是，你需要踏出第一步后得到真实的反馈和认可！我的前两笔副业收入，有三个特点：

① 从物质收入来看，金额并不算太多；

② 从兴趣探索来看，意外地发现了自己的兴趣点和能力优势；

③ 从精神激励来看，是莫大的反馈和鼓励，让我有足够的内在驱动力往下坚持

初始探索的成功，给了我很大的力量，我开始内心笃定：我要在斜杠青年之旅中探索出一条自己喜欢的路。

## 5. 坚定斜杠青年之路：渐渐长成自己喜欢的样子

### （1）出书邀请：少年时的梦想终于要实现啦

公众号开通一个月的时间里，我坚持每天更新一篇文章。2016 年 2 月，我收到开通原创的邀请！这是莫大的鼓励，要知道身边有很多的朋友都至少开通三个月后才陆陆续续收到原创邀请。

然而更大的意外惊喜还在后面，一个普通平常的日子，我打开公众号的后台，一段话安安静静地躺在那里，那是中国铁道出版社 Sophie 发过来的。

我想，每一个人儿时都有写作的梦想，我也不例外。我的写作时间很短，在写育儿专栏文章之前，我每年的写作量是 1 ～ 2 篇。因为一直坚持大量阅读输入，这几个月的时间里，我的输出状态很不错，源源不断地写出广受好评的文章来。

依然是行动力很强，按部就班进入选题—大纲—修改大纲—见面—修改大纲—确定大纲—签订合同—开始写书……

终于，这本书在今天和大家见面了！你们的每一次购买、阅读和分享，都在助力我渐渐实现梦想。

### （2）“时间管理特训营”：30 分钟，200 个报名

2016 年 4 月，公众号的关注者只有 3 000 多人，但是每天在公众号后台和微信都能收到大量有关时间管理问题的私信，不外乎是如何才能更好地管理好自己的时间。

那个时候微课很盛行，周围的人都在各大平台讲微课增加自己公众号的关注者。

我突发奇想，我为什么不能设计一个课程体系出来，以特训营社群运营的形式，把我这些年来的研究、实践分享给大家。

这一次，我的行动力没有往常那样强，更多的是迟疑，因为我有很多的困惑：

- 这样的形式大家接受吗？
- 如果只有几个人报名还要继续下去吗？
- 定价在多少合适？
- 整个课程的天数多少天合适？

和刘先生商量了大半天，最后决定放手一搏，快速确定了一些课程的细节：

- 定价在 108 元；
- 课程的天数为 28 天，一共 4 节课；
- 课程的招募以软文的形式呈现，为什么要开课 + 我的故事 + 报名信息；
- 只要有 30 个以上的人报名就开课，少于 30 人就退款。

文案写好后，一直没有勇气和信心发出去，在 4 月底的一天上午，我闭着眼睛，把文案发了出去。

瞬间微信被挤爆，一是付款的人非常多，二是添加我个人微信的人一下子有几百个。

最后在那天早上的 11 点截止了报名，报名人数多达 200 人。

快速做了如下决定：

- 把报了名主动想成为助手的姑娘 M 和 B 拉入马上建立起来的运营群，成了一个运营团队，快速把任务进行分配；
- 把运营规则建立起来，28 天的社群运营规则渐渐成型；
- 重新把课程拿出来打磨，课程就是我的产品形象，是重中之重；
- 把自己一直以来学习的时间管理相关资料进行了整理，准备分享到微信社群当中。

从 2016 年 4 月开始，我走上了每月一期的讲课之旅，到今天，我的课程已经举办到了第 14 期，好评如潮。我不知道在本书面世时，我的特训营会走到哪一步，但我相信会以更好的形式呈现给大家。也欢迎大家关注我的公众号，了解更多报名详情。

### （3）成为【在行】全国排名第一的行家

随着约见人数的增加，我的一对一话题由一条增加到了三条，并且在微信上专门开了一个约见的入口，每个关注我公众号的人，都能看到我的【在行】入口，约见的人数越来越多，最重要的是约见的口碑极其的好。

因为我从来没有过做咨询的经验，却一心想着怎么样才能够帮到前来约见的每一个人。约见前的沟通和准备、约见时的倾听和直接给建议、约见后资料清单的补充几乎让每一个约见者都受益匪浅，口碑越来越好，约见的人数也一直源源不断。

2016 年 4 月的课程，我结合【在行】进行了宣传，在那之前，【在行】并没有线上课的形式，我给【在行】带来了一定量的新用户。

2016 年 9 月，在开通【在行】一年的时间里，我成了【在行】全国排名第一的行家。那一年我在这个平台的收入超过了我的工作收入。

2016 年【在行】年会，我成了大家口中凭借行家身份年入 60 万的斜杠青年。这个数字背后，全是我的尽心尽力。很多人开通平台后，等着平台自带流量，其实我们需要比平台想得更多：

① 流量生态圈：

我的所有公开平台，均有【在行】入口，所有人都可以轻而易举地来到我的【在行】页面。同时，通过【在行】知道我的用户，在不确定我的能力之前，可以在【在行】宣传页面里找到我的公众号 ID，先看我的文章再决定是否要约见我。

【分答】开通后，自我介绍里除了提醒自己是【在行】行家，同时有我的公众号 ID。后来【在行】和【分答】无缝对接起来，所有【分答】用户，可以直接点击【分答】主页进入答主的【在行】页面。

② 主动宣传平台：

我多次在公众号宣传【分答】和【在行】，对我来说，这两个平台是收入性价比最低的平台。但对咨询者来说，却是受益良多的一种方式。我无数次见证学员通过咨询，找到了工作、目标明晰、探索出一条新路。从这个角度来说，只要我有精力，我会一直坚持做下去。

③ 平台合作：

一开始是凭借【在行】新用户减免 50 元的方式，开启了线上团课的形式。后来【在行】把线上团课的形式固定了下来，其他行家也开始了大量的尝试。

后来无论是【在行】线上团课专场，还是和【在行】直接合作的节日活动，效果都很不错。

### （4）与多个知名平台的多次无缝连接

我一直固执地认为，生活在这个世界上的每一个人，她的人生机会都是平等的，区别在于，有些人能抓得住机会，有些人根本不具备识别机会的能力。

2016 年 6 月，微信里收到一条添加提示：CCTV-2 的新闻记者。

面对这样的机会，我的反应通常是：先把机会接下来，再来了解细节。

事实证明我这样的方式是完全正确的，互联网时代，有时候拼的就是你的速度。

后来，我还和很多大型平台有过合作。我的内心有一把尺子，那些从没有试过的、机会难得的、大的挑战，犹豫是错失机会最大的因素。

### （5）多个特训营：打造课程生态圈

“时间管理特训营”做出成绩，摸索出“套路”后，我快速提炼自己的竞争力，在一年的时间里开通的“职场裂变特训营”“个人品牌崛起技能特训营”纷纷取得了很不错的成绩。

除此之外，最初那批和我一起成长的团队成员 Babe，第一期时间管理特训营的学员诺爷、封利等也纷纷开课，90 后的她们，在一年的时间里，我们一起实现了人生的弯道超车。

我们不能总是埋头苦干，60% 的时间和精力放在眼前的成长，20%-40% 的时间和精力，应该做更多的尝试和为未来做准备。而且，你不是一个人在成长，你需要一群人的力量。

#### （5）加入秋叶大叔“IP 训练营 2”，开始好运连连

2016 年 11 月，“IP 训练营 2”正式开营。在短短半年的时间里，个人能力和影响力得到了全方位的提升，IP 营是块福地：

- 【在行】约见突破 3 000 次，持续维持全国排名第一的地位；
- 公众号关注者翻了一倍多，由进营前的 14 000 人到 42 000 人；
- 连接了无数大咖，进行了多次线上、线下深度合作；
- 实现了人生当中的一次重大转折，成为了一名自由职业者，内心笃定；
- 继续参加“IP 训练营 3”，期待更多的爆发。

以上是我的斜杠青年探索之旅，未来只会更加精彩。

## 6. 普通人，如何增加成为斜杠青年的机会

中国是普通人获得成功机会渠道最多的国家之一，我就是其中的受益者，作为一名普通人：

- 最不应该有时间的职场妈妈；
- 家境普通，没有任何拿得出手的背景条件；
- 学历普通，一所普通 2A 学校毕业的本科生；
- 毫无写作经验，在 30 岁之前，年写作平均量不到一篇；
- ……

我的斜杠青年探索故事的重要节点已经一一呈现给大家，接下来从方法论的角度，给大家十点建议：

### （1）大量阅读：读书百遍其义自见

也就是在这几年，喜欢阅读的人渐渐多了起来，很多人把注意力的焦点开始放在怎么样才能在最短的时间阅读尽可能多的书。在阅读这件事上，想给大家以下几点建议：

① 培养自己的阅读习惯：

杨绛的父亲曾问过她："三天不让你看书，你怎么样？"杨绛说："不好过。""一星期不让你看呢？"她答："一星期都白活了。"

如果你的阅读习惯培养了起来，随着时间的推移，你的阅读量就会在不知不觉中累积起来。

② 读 100 本书之前，别再寻找阅读捷径：

永远都要分清，质和量的区别。把花在寻找阅读捷径的时间，用来踏踏实实地读完 100 本书吧。阅读的量是理解的基础，理解能力上去了，即使读得的量不够，也会有非常大的收获。

③ 带着思考去读书：

什么叫思考，可以是多问自己几个为什么，也可以是梳理读书笔记。总而言之，你读过的书应该从你身上看得到影子，深入的思考是对书最大的尊重。

④ 培养主题阅读意识：

主题阅读其实也叫目的阅读，在一段集中的时间里，为了单一的主题，阅读书籍、搜索资料、请教专家，最后形成对该主题自己独到的见解，主题阅读绝不仅仅是读几本主题书籍。

⑤ 拥有自己的选书标准：

一开始你可以通过信任的大咖获得阅读书单，读了一段时间后，你应该结合自身的喜好或者成长的需求，建立自己的选书标准。如果你连自己的喜好是什么都不知道、成长的方向在哪里都不清晰，在之后的阅读之旅中，你应该有意识地进行挖掘。

在这里我没有提到搭建自己的知识结构，这个方面市面上已经有很多的讨论，我在这里更多的是提醒大家在阅读的时候忽略掉的一些维度。

### （2）开始写作：用输出倒逼输入

从年平均量不到一篇，到每日一篇以上，我用了半年多的时间。在写作这件事上，我给大家的几点建议是：

① 储备文章：公众号开通时，我有 10 篇文章的储备量，写的压力小，反而更有写的灵感。

② 多维度写作尝试：故事类、干货类、清单类、方法类，多维度地去尝试，才清晰地知道自己适合写什么。

③ 写不出来时，就去读书。很多的人以为写不出来是因为不懂写作技巧，事情的真相是写不出来是因为料不够。所以，写作是最好的倒逼输入方式。

### （3）演讲传播：用声音传递力量

很多人会说，我能写就行了，不需要说吧！

如果你只是能写，确实可以把很多的观点分享给大家，却少了很多直接互动的机会。

有很多的能量是只有声音才具备的传播力。

### （4）职业发展视角：做自己的 CEO

成为斜杠青年之前，职场是你的最佳单杠。

那么，如何在职业生涯当中积累自己的斜杠身份呢？

在我看来，每个斜杠青年都是CEO，他必须什么都会，面面俱到。从这个角度出发，职业发展当中有一个非常重要的视角是，做自己的CEO：

- 千方百计地去喜欢你正在做的工作，成为斜杠青年后，会遇到更多自己不喜欢的事，我们要学会爱上自己所做的选择；
- 平台迁移：主动累积以平台为依托的势能，而非辞职后，带不走平台带来的一切光环；
- 创业者视角：尽可能多地学习业务的全态，而非只是项目参与者一样只关注眼前的工作。

### （5）人生角色设定：成为关注的焦点

工作上我是一名互联网公司运营总监，生活当中我是一位妈妈，能够平衡好这两个身份让很多人对我产生了好奇，究竟我是怎么办到那么多事情的？

每一个斜杠青年都要知道自己的人生角色设定，这个设定即是对自己的最大挑战而又得到了相对的平衡，又是大众非常好奇而期待的样子。

### （6）价值变现：持续升值

一个很现实的真相是，我们不可能一直都充满热情地去做一件没有真实回馈的事情，变现是对自己价值最大的回馈和肯定。

价值变现有两个维度：

① 金钱上的变现；

② 价值上的肯定，但最终也是为了金钱上的变现做准备。

如果你的价值还没有得到变现，要不就把注意力花在扩大影响力上，直接一点就是聚拢更多的关注者，要不就直接尝试金钱上的变现，再在这些尝试中修正自己努力的方向。

### （7）持续精进：从未停止过进步

每天，我都在进步，大部分是在做对个人成长有帮助的事情之余。每天我有 3 个小时以上的主动学习。我从未打算停止探索，这一年的时间，我试过 20 天讲 28 节课、一天写 1 万字、在 N 个城市穿梭讲课。

你的努力，才是未来持续有回馈的最佳保证。

### （8）敢于试错：给自己行动的力量

很多人把试错的关注点放在试了之后的对错上，我却有不同的看法。在斜杠青年探索这条路上，我做了大量的试错，结果是好的固然开心，结果不好也没有什么好遗憾的，起码你知道时候未到或者是方法有错。我更看重的是敢于试错的勇气，这才是最终能找到正确方向的决定性因素。

### （9）人际关系连接：多维度连接你的人际圈

无论是和我一起成长的小伙伴，还是去年 11 月加入的 IP 社群，秋叶、秋水老师等大咖都给了我很多的启发和帮助。我们所有人都不是独立的个体，一个人走得也许会更快，但绝对是一群人才能走得更远。没有人希望自己的成长是断层式的，持续而稳步的上升才是最正确的成长姿势！

### （10）互联网思维：人人必备

8 年前的机缘巧合，进入了当时看起来没有一点吸引力的互联网行业，8 年后的今天，互联网大热。每天，我都会观察、研究、学习很多的互联网思维，甚至是直接应用到我的个人品牌打造当中。

这种学习和起初的阅读一样，并没有多么刻意，但因为持续在进行，我慢慢具备了互联网思维，在这样的基础上，很多技巧的应用变得轻而易举。

## 7. 2017年辞职后，开启属于我的全新人生

2017年3月20日是我近8年职业生涯的最后一天，从3月21日开始，我正式成为一名创业者。

得知我辞职的消息，大部分人发来的私信都是：Angie，你的人生接下来要开挂啦。

也有少量人发来信息：Angie，你能分享一下你下定决心辞职的理由和心理过程吗？以及为辞职做了什么准备？

辞职的理由很纯粹，我手头上累积了大量对我来说很大的机会，因为工作的原因我都拒绝了。比如说写书、与许多大平台的合作、进军企业培训、开设新的课程、开始会员制……

一开始我内心是笃定的，随着发过来的私信越来越多，我内心开始焦虑：我并没有多么远大的计划，我只是想把手头上的事情一步步做好。

后来我的好朋友吉吉说了一句话：谁说开启全新的人生就一定要做出点什么！敢于停下来让自己有更大的积累也是一种全新的开启啊！

谁说不是！我的内心重新恢复了淡定的状态。我是一个脑洞大开的"思想家"，更是一个果敢的"行动派"，2月20日确定自己的辞职计划后，定下旅游的机票和行程，把还没有写完的书拆解到每一天大概要完成多少字后，在3月这个全新人生开启的交替之际，我做了很多决定，大部分的事情进展得还算不错。

人生一旦启动，你想停下来根本不可能。很多人总是想为自己的某一个行为做完全的准备，结果很多的事一拖再拖，到后面没有了做选择

的勇气。在我看来，如果你符合以下几点要求 ，正是可以做一些重大决定的时刻，比如说辞职、换一个自己喜欢的行业、岗位从头来过，今天我以自己辞职的角度为出发点，给大家几点建议：

- 目前的职业有一定的建设：

前面提到，斜杠不是指工作做不好了把注意力转移到工作之外，而是工作做好之外的一种全新探索。当然也有一种情况是你做了一份非常不喜欢的工作，斜杠青年又是你的强兴趣事件，正常情况下发展得还算不错的斜杠青年，职业生涯都不会太差。

- 为角色的转换做了至少半年时间的累积：

这个累积有金钱上、能力上、资源上的累积，后者比前者更加重要，如果缺少了后者，辞职只会是一种冒险。

你即将要去做的事情，是你已经做了至少半年时间来进行积累的事情。

- 如果有确定的计划是再好不过的事情：

由深处来讲，辞职之后，你是有事可干的，至少你知道方向在哪儿。这样的情况下，即使没有具体而详细的计划，也会在行动过程中逐渐清晰。

- 与相关人做深入地沟通：

辞职前我和刘先生还有婆婆都做了深入地沟通。很多人会很好奇，为什么要和婆婆沟通？辞职后除了我的办公地点有变化、时间相对自由之余，其他方面没有特别大的变动，我依然需要她协助一起带宝宝。

我和刘先生长久以来任何事情都是一起沟通和面对，这次当然也不例外。

- 以稳定的状态迎接真正的转换：

很多人以为我会很兴奋，说实话有一些，但更多的是以稳定的状态去进行真正的转换。我一直认为，每天持续地努力比一时打了鸡血式的拼命重要太多。所以，适度的兴奋是正常的，但我们每天度过的依然是生活的常态。

未来很美，美在未知、美在不可计划，我只知道我会一直向前。这个向前，也许是像我好朋友吉吉所说地停下来给自己一段完全充电的时间，也许是给自己一些新鲜、大胆、没有尝试过的选项，也许是把旧有的一切继续打磨、延续做得更加深入，总而言之，我会一直在路上。

作为一名普通 2A 学校毕业的普通学生，世俗理所当然地认为最没有机会和可能的职场妈妈，无论最初的出发点是什么，一步步走下去，踏踏实实、勇往直前，我探索出了专属于我自己的一条路，这是我的故事。如果有给你哪怕一点点的启发，对我而言，是再开心不过的事情，请分享这本书的思想给更多的人。如果我的未来依然普通而精彩，我会继续把我的故事以文章、书、微课、系列课的方式，分享给你听！

# 其他推荐人

Angie 跟我有很多相似之处，年龄相近、经历也像、还都是斜杠青年。2017 年，我们前后辞去了本职工作，成为一名创业者，开启了人生新的旅程。Angie 的这本书非常棒，对想遇到更多人生可能的年轻人有非常好的指导借鉴作用，值得一读再读。

——叫我龙兄　《演讲达人成长记》作者　演讲教练

从线下活动面基、到“月见趣人”畅聊；从一起打卡的战友，到邀请她写育儿专栏；从听她说突发灵感要开第一期时间管理个人训练营，到成为各平台的成长导师，等等。这 3 年，我一路见证了 Angie 的蜕变，却不惊诧这速度，因为她是如此善于学习、目标清晰、行动果决。她既是我的挚友，也是一面激励我成长的镜子。在这本书中，Angie 毫无保留地分享了她的蜕变故事和独家方法论，推荐给每一位想要活出精彩人生的你。

——吉吉　公众号“慢成长”创始人，美国正面管教讲师

Angie 是我见过很会引导及发掘个人天赋潜能的知识 IP，如果没有因为她的指引发掘，我想我也不会快速地打造完成我的个人品牌。

未来的智能时代最值钱的东西就是时间，Angie 的这本书中将她在自我成长的道路上的宝贵经验倾囊相授，管理好时间就是管理好自己的人生，如果你也像她和我一样，渴望颠覆平庸，掌控时间，做自己人生的主人，那么一定要看看这本书。

——妮妮　新色彩美学教育机构创始人

生完孩子初返职场，我开始迷茫、找不到价值，陷入深深的自我沉沦之中。直到遇见 Angie，一路跟随学习，慢慢地我开始认可自己，找到天赋，一步步遇见理想中的自己，也有了今天视觉记录师的新身份。有趣的灵魂万里挑一，感恩遇见了 Angie 这样的灵魂导师，让那么普通的我也能活得如此精彩而有趣！看她的书，你一定会和我一样有超大的收获！

——伊伊　视觉记录师　插画师